50 TONS DE EXPORTAÇÃO

ANTONIO
BRAGA

50 TONS DE EXPORTAÇÃO

CRÔNICAS DE UM PROFISSIONAL DE COMÉRCIO EXTERIOR

Labrador

Coordenação editorial Pamela J. Oliveira
Assistência editorial Vanessa Nagayoshi, Leticia Oliveira
Direção de arte e capa Amanda Chagas
Projeto gráfico Vinicius Torquato
Diagramação Nalu Rosa
Preparação de texto Lígia Alves
Revisão Iracy Borges

Dados Internacionais de Catalogação na Publicação (CIP)
Jéssica de Oliveira Molinari - CRB-8/9852

Braga, Antonio

50 tons de exportação : crônicas de um profissional de comércio exterior / Antonio Braga.
São Paulo : Labrador, 2025.
128 p.

ISBN 978-65-5625-925-3

1. Crônicas brasileiras 2. Comércio exterior I. Título

25-3002 CDD B869.4

Índice para catálogo sistemático:
1. Crônicas brasileiras

Labrador

Diretor-geral Daniel Pinsky
Rua Dr. José Elias, 520, sala 1
Alto da Lapa | 05083-030 | São Paulo | SP
contato@editoralabrador.com.br | (11) 3641-7446
editoralabrador.com.br

Aos meus pais, Wagner e Zenilda;
à minha irmã, Bia; e às minhas meninas:
minha esposa, Carol, e minha filha, Marina.

sumário

PREFÁCIO 9

APRESENTAÇÃO 11

1. AMIGO É COISA PARA SE GUARDAR 15
(I)MORAL DA HISTÓRIA 22
DILIGÊNCIA 26

2. PROBLEMAS DE QUALIDADE 42
BOM... MAS TALVEZ NEM TANTO 44

3. PRIVATE LABEL 49
REFÉM 51

4. MUDANÇA DE CANAL BANCÁRIO 55
TODO CUIDADO É POUCO 56

5. O MILAGRE DA MULTIPLICAÇÃO (DAS OFERTAS)... 60
... E DOS PROBLEMAS 63

6. O SALVADOR DA PÁTRIA 66
SALVE-SE QUEM PUDER (SE PUDER) 70

7. FOGO AMIGO 74
PAI E MÃE SÃO QUEM CUIDA 77

8. O MAL NECESSÁRIO 80
GREGOS E TROIANOS 82

9. A ARTE DA NEGOCIAÇÃO 85
NOVELA DA VIDA REAL 91

10. NUNCA MAIS 95
PROMESSA É DÍVIDA 96

11. FOB 98
RESPONSABILIDADE DE QUEM MESMO? (#SOMOSTODOSREFÉNS) 100

12. CFR 101
DIREITO DE QUEM MESMO? 104

13. LICITAÇÃO 106
FREE LUNCH 109

14. ANALISTA DO ANALISTA 113

COMEX 115

AGRADECIMENTOS 119

GLOSSÁRIO 123

prefácio

O comércio exterior é um universo fascinante, repleto de desafios, aprendizados e histórias que merecem ser contadas. Este livro, *50 tons de exportação*, é uma jornada através desse mundo complexo e dinâmico, escrito por alguém que não apenas viveu essa realidade, mas que a transformou em uma narrativa envolvente que alia bom humor aos aspectos mais técnicos do comércio exterior.

Nesta obra, Antonio Braga nos conduz por um caminho que mistura ficção e realidade, apresentando situações que, embora fictícias, refletem os dilemas e as nuances do dia a dia dos exportadores brasileiros. Com uma linguagem descontraída e acessível, ele consegue capturar a essência das experiências vividas por aqueles que se aventuram no mercado internacional, destacando tanto os triunfos quanto as adversidades.

O que torna este livro especial é a autenticidade com que cada história é contada. Antonio compartilha conhecimentos técnicos e também oferece uma visão humana e empática sobre os desafios enfrentados pelos exportadores. Ele nos convida a rir das situações mais absurdas, a refletir sobre as lições aprendidas e, acima de tudo, a compreender a resiliência e a criatividade necessárias para se destacar nesse campo.

50 tons de exportação é mais do que um livro sobre comércio exterior; é uma celebração da perseverança e da paixão que movem aqueles que escolheram essa carreira. É uma leitura que vai encantar não apenas os profissionais da área, mas qualquer pessoa interessada em entender as complexidades e as belezas do mercado global.

Ao embarcar nesta leitura, prepare-se para se divertir, aprender e, quem sabe, se inspirar. O autor nos oferece um olhar único e cativante sobre o mundo das exportações, e tenho certeza de que você, leitor, sairá dessa experiência com uma nova visão sobre o trabalho incansável daqueles que fazem o comércio exterior acontecer.

Boa leitura!

Ana Paula Repezza

Diretora de Negócios da Agência Brasileira de Promoção de Exportações e Investimentos (ApexBrasil).

apresentação

O comércio exterior sempre teve seu lugar na minha imaginação, desde cedo. Nascido e criado em uma cidade relativamente pequena, em que grande parte da atividade econômica era atribuída a uma única grande empresa — a principal da cidade e uma das maiores exportadoras do Brasil na época —, era natural que assim fosse.

De certa forma, todos em minha cidade olhavam "de baixo para cima" para muitos daqueles que lá trabalhavam. Dentro de casa não era diferente. Minha mãe trabalhava com documentação de exportação nesse frigorífico e, naturalmente, comentava, vez ou outra, sobre algum tema interessante em casa. Assim como meu pai, eu sempre estava com os ouvidos a postos para ouvi-la. Foi assim, aliás, que tive meu primeiro contato com "causos" do comex: por meio de seus relatos e desabafos ao chegar do trabalho.

Ela também se referia aos vendedores de exportação de uma forma especial. Quantas vezes eu a ouvia falar sobre o "comercial" do mercado externo, sempre com muita admiração, mas também com um grande distanciamento, como se falasse de personagens "intocáveis". Muito tempo já se passou e muitos detalhes me faltam hoje. De qualquer forma, a ideia de fazer parte desse meio acabou semeada em meu íntimo. E foi assim que enveredei por esse caminho.

Entrar para o time de exportação ali, na mesma empresa, foi para mim uma realização dupla: fazer parte disso, mas também — e isso eu nunca disse a ninguém — poder oferecer esse orgulho aos meus pais.

Bem verdade que comecei sem saber muito bem o que me esperava, mas graças a Deus cheguei aonde nem sequer podia imaginar. Olho para trás e sou muito grato por tudo o que vivi, cada etapa da minha vida profissional e a cada pessoa com quem convivi. Quanta coisa aprendi nesse caminho e quantos amigos especiais eu fiz — muitos desses tenho a alegria de cultivar até hoje. Uma vírgula alterada e minha história não teria tido a mesma cor.

Não quero entediar o leitor me estendendo aqui sobre a minha vida, mas apenas contextualizar e compartilhar a origem da inspiração para a criação desta obra.

Hoje, após mais de vinte anos trabalhando com exportações no Brasil e no exterior, diretamente no setor privado — fosse como exportador, *trader* ou importador — e com a minha experiência mais recente na Agência Brasileira de Promoção de Exportações do Brasil, com a nobre tarefa de ajudar e orientar empresas brasileiras que exportam ou querem exportar, me ocorreu a ideia de escrever este livro muito despretensiosamente.

Após muito trabalho, compartilho com você histórias fictícias, mas que ilustram problemas reais com os quais se deparam os exportadores, sobretudo os brasileiros, principalmente na área comercial.

A maioria dos textos que seguem insinua uma postura enviesada minha, buscando defender o nosso bravo exportador. Sim, esse foi o meu intuito. Deixo claro que, ao apontar aqui suas fragilidades, geralmente perante o mercado e os clientes, nunca o fiz propondo demérito seu, mas somente com o intuito de ilustrar ou gerar subsídios para discussão relevante a seguir. Tampouco tive intenção, em momento algum, de pintar a imagem do importador de forma negativa, criando estereótipos ou sugerindo arquétipos sem fundamentos minimamente coerentes ou constatações claras, ainda que possa parecer o contrário.

Ressalto que este é um trabalho que não foi estruturado de maneira didática e não tem por objetivo se posicionar como uma capacitação propriamente dita, muito menos buscando esgotar o tema — que é muito vasto. Por isso mesmo, no decorrer da leitura, o leitor perceberá que a linguagem, talvez excessivamente informal, dista completamente da linguagem acadêmica. Isso também não é por acaso.

Quanto à escolha do título, "50 tons" faz referência, primeiramente, a um dado volume qualquer e simbólico de exportação (no caso, cinquenta toneladas), mas também aos vários matizes das experiências que passamos nesse meio; das dores, desafios e tristezas, mas também das alegrias, das derrotas aos dias de glória — muito embora tenhamos buscado falar mais dos primeiros aqui. Porém, "ironicamente", encontra-se também aí, em uma só linha, e sem papas na língua, menção sobre as provocações que o exportador enfrenta em seu caminho — como você, leitor perspicaz, percebeu de cara.

Resolver um problema é sempre ótimo; rir dele depois pode ser ainda melhor. Por isso, este livro foi feito para ser leve e descontraído. Que traga o riso, mas também informações e reflexões relevantes sobre os temas abordados. Aprecie sem moderação.

Antonio Braga

1.

amigo é coisa para se guardar

"Cliente bom é aquele que ainda não teve tempo de te dar problema. Não se preocupe, sua hora chegará."

Ele ajusta a cadeira, olha para um lado, para o outro, e então pega o telefone. Não era a primeira vez que usava o horário de almoço para fazer uma ligação importante com alguma privacidade, é verdade, mas até então somente havia usado desse artifício para tratar de assuntos particulares. Não era o caso desta vez.

Todos já deviam estar na cantina ao lado com seus pratos, ainda quentes, sendo servidos. Mas quente mesmo estava aquela sala. "Será que o ar-condicionado está com problema hoje?" — se perguntava a cada gota de suor que lhe escorria pela face. Não importava, o show tinha que continuar; de preferência longe dos olhares curiosos dos demais. A audiência era sempre dobrada quando o problema era tratado em inglês. Sentia-se como o protagonista de um lançamento de Hollywood. Um drama digno de Oscar, mas não no bom sentido.

Fazia apenas seis meses que estava na empresa. Não tinha tido ainda problema algum com nenhum de seus contratos. Todos sabiam, no entanto, que era questão de tempo; não por falta de competência ou dedicação, mas simplesmente porque a vida de quem trabalha com comércio exterior é "assim" — como dizem, cheia de altos e baixos. De qualquer forma, não esperava ter um problema com esse importador, justamente com esse. Não, diferentemente daqueles outros clientes que os vendedores costumam fingir conhecer para aumentar sua autoestima e se posicionar na empresa e no mercado, esse era realmente próximo; já o tinha visitado, eles já tinham saído para jantar algumas vezes e um dia foi até convidado para jantar em sua casa. Isso sim é prova de apreço, de amizade, amizade verdadeira. Esse cliente não o deixaria na mão, de jeito nenhum. Eles tinham uma história juntos, já se conheciam de longa data, mais de um ano, talvez dois já, e faziam negócios com certa regularidade desde então. Sempre comprava aquele contêiner maroto, bacana, de praxe, a cada dois ou três meses; isso mesmo, aquele misto que dava um trabalhão para produzir e embarcar, e nunca dava bons resultados. De qualquer forma, um dia essa relação ia se pagar, pensava. O importante era manter a regularidade até lá. O que tinha agora, com certeza, era só uma situação pontual que seria resolvida de forma amistosa e num contexto de parceria. E seu "cliente-amigo" havia prometido no último e-mail resolver a situação. Promessa é dívida! Nesse caso era dívida mesmo. E o exportador brasileiro é geralmente gente de muita fé.

Quando começou na posição atual, na empresa nova, havia se gabado de trazer seu ótimo cliente-amigo consigo; cliente fiel, que comprava regularmente, que o acompanhava, em quem confiava e um dos poucos a quem concedia crédito sem ressalvas; cliente-amigo que "nunca deu trabalho", sempre esteve presente nas horas boas e também nunca atrapalhou nas horas ruins. Foi uma luta conseguir aprovação para oferecer-lhe as mesmas condições de pagamento na nova empresa. Sabemos que crédito não se oferece a qualquer um. No entanto, de alguma forma o comercial sempre consegue aprovações "garantindo mesmo o que não dá para garantir".

Olhara no relógio fixado na parede, com a figura de um grande e imponente navio em alto-mar ao fundo, atrapalhando a visão dos ponteiros. Ainda assim observou: já passaram quinze minutos que estava ali. Passava os dedos no bloco de notas em formato de contêiner que ganhara da agência marítima e que jazia em sua mesa intacto desde sabe-se lá quando, ao lado do miniglobo terrestre que havia trazido como suvenir da última viagem de negócios que fizera. Nem sequer vira o tempo passar. Precisava seguir adiante, inclusive por causa da diferença do fuso horário. Em pouco tempo não conseguiria mais contato com o comprador até o dia seguinte. Não podia se dar ao luxo de perder mais um dia. O custo financeiro só aumentava. A cobrança da diretoria também. Precisava resolver esse impasse, e o faria hoje.

Foram três tentativas de digitar o número correto do importador, mas seus dedos pareciam não obedecer.

A mistura de tensão com preocupação, fome e um estômago revolto com o café à sua frente, que já tinha esfriado havia tempos, mas que, ainda assim, era tomado sem muita atenção, fez com que somente na quarta tentativa conseguisse acertar aquele número longo. Poderia ter feito melhor se estivesse acostumado a ligar com maior frequência, mas, assim como a maioria dos colegas de profissão, sempre preferira mandar mensagens, alegando ser mais objetivo, barato e para deixar registros, quando na verdade simplesmente se sentia mais confortável e com maior desenvoltura fazendo dessa forma. Ah! A beleza da modernidade.

O telefone já chamava pela terceira vez quando pensou em desligar. Talvez não fosse o melhor momento para falar, talvez o comprador estivesse ocupado, talvez não pudesse atender, talvez insistir fazendo-o atender quando estava ocupado demais pudesse ser contraproducente. Ameaçou desligar quando ouviu alguém se aproximar, provavelmente um colega que havia entrado para buscar algo esquecido na gaveta, pois o horário de almoço ainda estava longe de acabar. Não chegou a ver quem era, na verdade. A essa altura já não importava, nosso herói só teve tempo de ajustar a postura na cadeira e evitar cair dela ao ouvir do outro lado da linha:

— *Hello*.

Gaguejou como se estivesse almoçando com os demais e tivesse engasgado com um pedaço do bife esturricado do menu do dia. Tentando se recompor rapidamente, para mostrar segurança e proximidade, talvez mais a si mesmo do que ao cliente, armou-se do melhor sorriso que conseguiu — aquele sorriso típico de "quartas-feiras" (longe da tristeza de segunda, mas ainda longe também da felicidade dos finais de semana) —, como se pudesse mesmo ser visto ao telefone, e respondeu, com seu inglês avançado, mas ainda não fluente, algo que também se pareceu com um "Hello" ou "Olá".

Daí para a frente acenderam-se as luzes da ribalta e a conversa seguiu, ao que parece, ainda em inglês.

— Senhor P? Aqui é o Fulano. Como vai, meu amigo? — Nosso herói fez questão de usar o termo "amigo", já que eram mesmo.

— Fulano? Qual Fulano? Não conheço nenhum "Fulano". Você ligou para o número errado — disse lá do outro lado do mundo aquela voz taciturna e já desconfiada ameaçando desligar.

— Não, senhor P. Sou eu, o Fulano. Da empresa "Exportação Ltda.".

— "Fulano"? Exportação Ltda.? Hum. Do que se trata?

— Desculpa amolar o senhor. Sei que é um homem muito ocupado, mas preciso falar com o senhor. Sobre o nosso pagamento atrasado.

— Ah, sim! Claro! "FulanDO"! É você!

— É "Fulano".

— Sim, sim, eu sei. "Fulando." Por que não falou antes?

— Mas eu falei, sim.

— Sim, sim, claro. Diga, meu querido. Em que posso ajudar?

— Como eu ia dizendo...

— Como você está?

— Estou bem, obrigado. Como eu ia dizendo...

— E a família, vai bem?

— Sim, sim. Tudo bem com a família também, obrigado. Então, como eu ia dizendo...

— Faz tempo que não falamos, não é mesmo?

— É... mais ou menos. Desculpa, senhor P, mas como eu ia dizendo precisamos resolver a questão do nosso pagamento que está atrasado.

— Pagamento atrasado... Pagamento atrasado... Ah, sim! Claro! Sobre o pagamento.... Vamos resolver. Não se preocupe.

(Silêncio.)

— Ótimo, então, mas será que o senhor pode me dizer para quando então podemos esperar o crédito? — perguntou Fulano diante do hiato na comunicação.

— Não se preocupe. Logo, logo.

— Pode me dar uma data específica?

— Muito antes do que você imagina, espero.

— Teria como me dar uma estimativa, pelo menos?

— Olha, FulanDO, as coisas por aqui estão difíceis. Você tem visto nos jornais, não é mesmo? Mercado devagar, nossos clientes diminuindo o consumo, alguns atrasando pagamentos etc. etc. Hoje em dia está cada vez mais difícil achar clientes bons como a gente; clientes que são fiéis, que compram regularmente, que são parceiros e que honram os compromissos, como a minha empresa, como eu.

— Com certeza, mas ainda assim vocês estão com um pagamento atrasado.

— Sim, sim, isso mesmo. Viu só? Se aconteceu com a gente, imagina a situação dos outros importadores que não têm a mesma experiência e estrutura que nós temos. Imagine só. Sua sorte é que o cliente, neste caso, sou eu.

— Sim, eu sei. Ainda assim, senhor P, nós precisamos resolver esta situação, por favor.

— Sim, sim. E nós agradecemos a parceria e a compreensão. Conte com a gente. Agora me desculpe, estou entrando em uma reunião. Falamos depois.

— Senhor P...

— Um abraço! Bom falar com você!

Assim, o sr. P desliga o telefone, sem ao menos escutar o "Igualmente" dito cadenciadamente e em tom de derrota por Fulano ao ouvir o "gongo" ao final da "luta" ao telefone.

Após alguns poucos segundos paralisado, observamos então nosso herói, ainda apoiado à mesa e segurando o telefone escorado na bochecha direita, refletindo e, agora, esboçando um leve sorriso no rosto ao dizer satisfeito para si mesmo: "Se 'eu' passo por isso, imagina o que não se passa por aí com aqueles que não têm a mesma experiência ou clientes parceiros como eu tenho. Imagine só". Levantou-se e seguiu diretamente para a sala ao lado para trazer as boas novas e tranquilizar o gerente financeiro ao dizer que o pagamento não tardaria a vir.

(I)MORAL DA HISTÓRIA

Seria cômico, não fosse trágico. A cena seria, por certo, classificada por muitos como kafkiana. Na verdade, nada temos de surpreendente ou a comentar aqui sobre a atitude do "cliente-amigo". Não temos sequer subsídios suficientes para lhe julgar a moral ou estabelecer parâmetros de comparação de conduta sob o ponto de vista ético. Pelo contrário, sua atuação pode ser até legitimada, quando vista através da lupa correta.

Por mais que nos sintamos compelidos a tomar as dores do exportador nesse caso, quaisquer assunções nesse sentido seriam infundadas ou tendenciosas. Se para o exportador a inadimplência sempre gera inconvenientes, para o importador essa não deixa de ser uma preocupação em algum momento também, pelo menos em tese. A sua inadimplência lhe causa problemas não apenas com o fornecedor atual, mas, no mundo dinâmico em que vivemos, abala sua imagem também perante outros *players* e prestadores de serviços, como seguradoras, transportadoras etc. — um tormento para a manutenção de suas operações. Deixemos cada um com a sua verdade, então. Imaginemos que o sr. P simplesmente fez o melhor que lhe coube. Já sobre o comportamento do protagonista — o exportador, quixotesco em verdade —, é a esse que deveríamos nos ater. Esse é o que recai na esfera de ação que nos compete.

Arrisco evocar, sim, Quixote — uma das figuras mais emblemáticas da literatura, e uma das minhas preferidas — para iniciar nossa reflexão fazendo uma analogia com a postura de Fulano nessa "fábula". Muito provavelmente, mesmo observados os anacronismos existentes, nem Cervantes teria podido imaginar em sua obra uma postura assim, tão pacífica quanto resignada, diante de um tema de vital importância para a posição do personagem, fosse ele o Fulano ou o próprio cavaleiro da triste figura. Em todo o caso, não me refiro a essa postura (contida) como ruim, nem boa.

Não nos caberia aqui buscar desdobrar as várias nuances do clássico calhamaço espanhol. No entanto, podemos traçar um paralelo minimamente interessante entre as narrativas. Em resumo, dentre tantas outras características, a beleza de Quixote está na sua capacidade de ver o bem em tudo e em todos, e a atribuição do seu dom, ou do seu "Don", dada sua suposta falta de juízo, fica a cargo do julgamento e dos olhos de quem vê; isso tudo sem detrimento da obra, mas, muito pelo contrário, conferindo-lhe brilho, vida e autenticidade.

Ainda que pouco prática, mas de forma semelhantemente poética, o profissional de comércio exterior, sobretudo o brasileiro, traz consigo uma propensão e uma aptidão quase que natural a ver o bem nas coisas (às vezes mesmo onde não haja). Por razões muito claras este tende a ser um otimista inato; ou precisaria ser genuinamente louco para gastar tempo e recursos colocando o fruto do seu trabalho árduo num navio, ou avião, para enviá-lo ao outro lado do mundo na esperança de ser remunerado à altura no final das contas. Se achasse, verdadeiramente, que teria grandes chances de não receber o seu pagamento, o faria ainda assim? Como recuperaria seu investimento?

Eu prefiro acreditar na hipótese da lucidez, baseado no comportamento comum da maioria, ainda que "de médico e louco, todos tenhamos um pouco".

Veja bem. Não confundamos, porém, lucidez com capacitação e muito menos com instrumentalização. Ter lucidez significa ter clareza sobre algo, no caso, ter clareza sobre sua posição, sua realidade, a função que desempenha e seus objetivos; capacitação, ter habilidades e conhecimentos; e instrumentalização, ter recursos e ferramentas para o uso dessas habilidades e conhecimentos. A partir do conjunto equilibrado desses elementos desenha-se um círculo virtuoso na vida profissional, em qualquer área que seja. A escassez em qualquer desses elementos sugere espaço para revisão de conceitos e busca por melhorias.

Mas, deixando de lado a questão semântica — que muito pouco nos importa aqui, na verdade —, e abstraindo o fato de que a necessidade de melhoria contínua é já entendida por todos, essa argumentação toda tem simplesmente o intuito de chamar a atenção para o perfil e postura do protagonista — claramente despreparado.

Veja bem, nosso papel aqui não é crucificar ninguém. Certas habilidades levam tempo para serem desenvolvidas. No entanto, na falta de músculo, devemos adequar o exercício. Ou seja, se você é novato no negócio, precisa trabalhar dobrado para se assegurar de que está fazendo o seu melhor e se precavendo de possíveis problemas; se você "acha" que já tem experiência suficiente, trabalhe triplicado, pois *Devil is in the details*. Agora, se você "tem certeza" de que já tem experiência suficiente, desça daí, exercite a humildade e busque continuar fazendo o que é preciso, ainda que lhe pareça excesso de zelo. O preço da imprudência pode sair tão caro quanto o da ignorância.

Estamos falando do que, afinal de contas?

Estamos falando de um profissional de vendas internacionais que vendeu achando que conhecia o seu cliente, de certa forma orgulhoso da sua relação de confiança com este, pensando que tinha informação e experiência suficientes sobre o mercado e aparentemente negligenciando a utilização de mecanismos de garantia de recebíveis.

Qual seria então a diferença entre Quixote e Fulano, ou cada um de nós?

Quixote não saiu por aí lutando contra moinhos de vento do nada. Ele se preparou antes. Ele leu tudo o que pôde sobre cavalaria e, ainda assim, nunca menosprezou os moinhos, mas os tomou por gigantes que poderiam realmente derrotá-lo; diferentemente de nós, que saímos por aí desesperadamente tentando vender "x" contêineres para bater meta ou tirar pressão do mercado interno.

Por isso, ao fazer negócios, é importante fazer uma boa diligência prévia, ou *due diligence*, como queiram, para se precaver de problemas, tanto quanto possível, se adiantando a possíveis situações indesejadas. Prevenir é sempre melhor que remediar, e o diagnóstico precoce é sempre de mais fácil cura.

Questionamentos em demasia podem travar ou atrasar processos e inviabilizar negócios; sim, nós sabemos disso. Porém, as chances de resultados positivos podem aumentar consideravelmente também. O melhor é evitar o desespero e impor uma cadência adequada ao seu trabalho, fazendo o seu melhor e levando o tempo que precisar; sem pressa, mas com urgência quando assim for. Pressão para vender, embarcar e mostrar resultados? Todos têm. Mas correr atrás de receber pagamento ou revenda depois ninguém quer. Acredite, pode parecer ruim não vender, mas é muito pior vender e não receber, ou vender e ter que revender. Nada vale o sono ruim à noite. Se exportar é preciso, e é basicamente disso que se trata nossa discussão aqui, exportar bem é a chave da sustentabilidade dos negócios a longo prazo; já o seu oposto, uma bomba-relógio aguardando para explodir a qualquer momento no colo dos desavisados.

DILIGÊNCIA

Se eu pudesse lhe dar um bom conselho nos negócios, seria: "Faça sua diligência, e faça-a bem-feita". Antes de realizar uma exportação, é crucial analisar e medir os riscos envolvidos e a viabilidade da operação, ainda que para negócios que pareçam seguir determinados padrões preestabelecidos ou com os quais se esteja já familiarizado. Neste capítulo, então, sugiro um roteiro prático resumido com alguns dos pontos-chave a serem considerados nesse processo. Há, contudo, outras abordagens possíveis a depender das características de cada negócio, empresa (tanto vendedora como compradora) e mercado em questão. Não é nossa ideia, portanto, esgotar o tema aqui, mas sim gerar reflexão e estimular a prática.

Sejamos práticos, portanto!

1. Análise do mercado de destino

Antes de exportar, é fundamental entender o mercado-alvo. Não basta ter alguma familiaridade com a cultura. Busque entender minimamente o contexto de estabilidade econômica e política do país-destino e riscos associados. Exemplo: saúde econômica, crescimento, inflação, taxas de câmbio ou sanções, possibilidade de guerras, mudanças de governo e leis que podem afetar o comércio.

Conhecer um pouco das peculiaridades, costumes, idiossincrasias, saber o que se veste ou o que se come por lá pode até te poupar alguma gafe eventualmente. Saber falar "bom-dia" e "boa-noite" na língua do cliente é legal, bonitinho, e pode descontrair uma reunião. Mas o que você precisa saber basicamente é: o que se vende, se possível a que preço, quem vende, onde, quem compra, como, por que e para quê. Posteriormente será capaz de fazer inferências e identificar tendências a partir do conhecimento que criou do mercado. Até que se adquira experiência nessa categoria, faça uso de várias fontes em busca da(s) que lhe dê mais segurança. Não se preocupe, todas elas em algum momento falharão com você também. Não dá para acertar sempre. Assim como você vai errar também. Por isso, acesse estatísticas, estude os números. Pesquise! Fale com aqueles conhecidos do mesmo setor, fale com os seus clientes, fale com os concorrentes dele, fale com todo mundo! E viaje! Esqueça o passeio. Faça valer seu tempo e o investimento na viagem.

Me lembro da primeira viagem a negócios que fiz, aos Emirados Árabes, como *trader* de uma *trading* internacional de alimentos. Fiquei constrangido com o desapontamento do meu diretor comercial ao me acompanhar repassando a agenda da viagem. Eu tinha duas ou três reuniões marcadas por dia. Lição aprendida. Me lembro bem quando, poucos anos depois, cheguei a terminar uma viagem de cinco dias ao Cairo com mais de vinte reuniões feitas, apesar do tamanho considerável da cidade. Nem todas foram produtivas, verdade, mas outras compensaram.

Há os que dirão "ah, mas você precisa deixar tempo para sentar e conversar com cada cliente. Precisa de tempo para sair para almoçar com eles... etc. etc.". Balela! Sejamos realistas, você não quer almoçar com todos os seus clientes. E, a menos que trabalhe para uma das duas ou três maiores empresas do mundo no seu segmento, nem todos os seus clientes quererão sair para almoçar com você também. Simples assim. E está tudo bem, de verdade. Se você se chatear com isso, busque terapia, e não um cliente. Sejamos também coerentes. Via de regra, você não precisa destinar quatro horas do seu dia para uma reunião apenas. Faça valer o seu tempo e seja inteligente! Busque agendar compromissos agregando-os por região. Perca pouco tempo no deslocamento. Não se desgaste à toa. Use Pareto! Destine mais tempo a quem precisa e merece mais tempo seu; quem tem mais chances de te dar resultado. Escolha aqueles com quem gostaria ou acha mais interessante almoçar e jantar, e pronto! Nas horas vagas, saia! Vá ao mercado. Vá ver seus produtos, vá ver os produtos dos seus concorrentes, estude os preços e o posicionamento. Certamente não dá para fazer tudo isso do dia para a noite, e quase nunca criamos essa experiência e maturidade antes de negociar aquele contrato já em pauta. Faça, ainda assim, o melhor que puder desde já, e amanhã, para as próximas negociações, terá sempre uma bagagem maior que a de ontem.

Esse tipo de análise preliminar é geralmente mais difícil para aqueles que estão iniciando. Com o passar do tempo, esse conhecimento vai sendo ampliado e aplicado de forma orgânica. Porém, é de fundamental importância que se trabalhe nessa construção.

Um dos grandes dilemas que surgem, ou deveriam surgir, na cabeça do exportador ao fechar uma exportação é o dilema do "Plano B". Seria de fundamental importância sempre se perguntar: "E se der errado, eu faço o quê?". Numa situação de abandono de carga, cancelamento de contrato... "eu faço o quê?". Com exceção de determinadas situações em que a integridade da carga possa não estar preservada, e aí a sua destruição pode ser uma saída, sobram poucas outras opções. Repatriar a carga nunca é a melhor opção. Os custos raramente justificam a empreitada, principalmente no caso de perecíveis. Se precisar revender, o que é o mais provável, vai revender para quem? Você precisa estar preparado.

Idealmente, quando embarcamos aquele contrato de exportação fechado, precisamos já ter em mente para quem eu vou pedir socorro se precisar. Pergunte-se sempre: "Tenho outros clientes nesse mesmo mercado?", "São clientes que compram esse mesmo produto?", "Quão difícil seria fazer a transferência na propriedade (documentos, etiquetas específicas quando for o caso etc.) para outro cliente, se preciso?", "Tenho condições de redirecionar a venda para outro mercado? Especificações, validade, habilitação de unidade produtiva, embalagem, etiquetas, documento, tudo pode ser ajustado? A que custo? Em que prazo?". Adiante-se. Se for iniciante nos negócios, busque desde o início criar seus meios e "possíveis planos B" nos principais mercados onde pretende atuar.

2. Regulamentações e compliance

Cada país tem regulamentações específicas para a importação de certos produtos. Certifique-se de que seus produtos atendam às normas e certificações exigidas pelo país de destino. Não assuma essa "bronca" sozinho. Envie fotos, ficha técnica, cópia de etiquetas para o importador aprovar antes de embarcar ou se possível antes até de produzir; ou mesmo antes de fechar o contrato, se couber. Envie também draft de documentos para aprovação antes do despacho das vias originais. É sempre mais fácil alterar documentos antes do despacho ao exterior.

2.1. Barreiras comerciais e tarifas

Investigue sobre tarifas de importação e impostos que podem ser aplicáveis ao seu produto; e certifique-se de não haver restrições ou proibições para o seu produto. Não confie apenas na confirmação do seu importador, principalmente se for a primeira vez que estiver vendendo para esse mercado. Cheque outras fontes sobre informações de acesso a mercado, sites oficiais, entidades setoriais, a ApexBrasil, setores comerciais das embaixadas, adidâncias dedicadas ou câmaras de comércio, por exemplo, para validar essas informações sempre que houver dúvida.

3. Avaliação de parceiros comerciais

Avalie a reputação, credibilidade e, tanto quanto possível, a estabilidade financeira dos seus clientes ou clientes potenciais e representantes. Verifique referências e procure respaldo questionando outros clientes. Não fique constrangido de citar nomes. Muitos mercados são pequenos o suficiente para que os principais *players* se conheçam. Alguém que, sabidamente, te deixou ou deixou algum outro fornecedor "na mão" é um possível candidato a fazê-lo de novo. O passado, e as histórias, geralmente se repetem em algum momento.

Analise as chances de o seu cliente fugir. Isso mesmo, você não leu errado. Busque informações, ainda que subjetivas, sobre seu comprador ou potencial comprador. Ter uma grande seguradora oferecendo cobertura para ele é um ótimo indício. Busque também entender o tamanho da operação dele, do patrimônio, origem dos proprietários etc. Há países onde é muito fácil abrir uma empresa e, tão fácil quanto, ir embora dele do dia para a noite, sem deixar vestígios. Me desculpe a falta de pudor nos comentários, mas já vi acontecer muito. Inclusive já aconteceu com cliente meu.

Alguns anos atrás, saí para visitar um importador, cliente meu, em um certo país do golfo Arábico, e, quando cheguei na frente do seu escritório, todos os funcionários estavam do lado de fora, sem saber o que fazer. Os donos haviam vendido todos os estoques às pressas, e a qualquer preço, na noite anterior e levaram tudo embora durante a madrugada, fugindo do país para não ter que arcar com as dívidas que tinham. Por sorte, já haviam liberado do porto, e pago, os únicos dois contêineres que tínhamos fechado recentemente. Outros fornecedores não tiveram a mesma sorte. Quanto ao cliente, nunca mais o vi nem soube de quem o tivesse visto de novo.

Se estiver tratando com intermediários, busque garantias deles. As distâncias diminuíram no mundo. Hoje em dia todos se conhecem. É muito fácil, relativamente, pegar um voo, ou mesmo o telefone que seja, e prospectar seus próprios clientes. Foi-se o tempo, décadas atrás, em que a suposição de relacionamentos ou conhecimento de mercado garantia a sobrevivência dos intermediários nos negócios. Que me perdoem os meus amigos *traders* ou *brokers* sérios que estiverem lendo este meu livro, mas, infelizmente, com frequência se encontram Pilatos entre nós. Só os descobrimos quando a coisa "aperta" e eles lavam as mãos.

Se você é exportador, exija garantias, por menores que sejam. Estas podem ser discutidas e acordadas sob diversas formas, porém nada mais comum do que o bom e velho "pagamento antecipado". Naturalmente a maturidade exportadora, a política, a estrutura e as necessidades financeiras, além do histórico e da confiança de cada empresa, pesam nesse tipo de acordo. De qualquer forma, não ignore a necessidade de se garantir. Lembre-se, quanto menor o nível de responsabilidade assumida em um negócio, maior a possibilidade de sair dele sem ônus. Releia essa última frase agora se colocando no papel do importador e do intermediário e vai captar o conceito. Agora, se você for *trader* ou *broker*, trate de pensar em desenvolver algo mais a oferecer, tanto para o exportador como para o importador, a fim de se manter vivo e ativo no mercado.

Você, vendedor, estipule um percentual saudável de vendas para trabalhar através de intermediários, principalmente *tradings* que financiam importadores, com as devidas garantias e diluindo seus riscos. Permita-se exceções sempre que justificadas e positivas. Note que a relação com representantes pode ser um namoro, e não precisa evoluir para um "casamento" necessariamente, ainda que todos tentem convencê-lo do contrário.

Ao optar por trabalhar com um representante, e aqui faço uma distinção entre o representante que trabalha como um agente ou *broker*, atuando muitas vezes de forma análoga a um funcionário mesmo, e aquele distribuidor estabelecido no destino que vende os produtos representados *in loco*, proponho algumas considerações. No primeiro caso, muito cuidado ao discutir sobre exclusividade, ainda que apenas para determinados mercados específicos; analise muito bem o *trade-off*. Já no segundo, discutir uma parceria mais estreita e possivelmente até uma exclusividade pode fazer muito sentido a fim de evitar criar competição com o seu próprio produto no mercado de destino. Porém, em ambos os casos, "não coloque o carro na frente dos bois". Comece trabalhando com uma proximidade maior e aos poucos vá estreitando os laços para enfim chegar a uma representação exclusiva, se for o caso.

Acima de tudo, muito cuidado ao assinar qualquer documento. Países diferentes, com legislações distintas da brasileira, podem interpretar da sua própria maneira determinados vínculos; e em muitos modelos cabem muito bem acordos sem constituição de instrumento legal formal propriamente dito. Afinal, o que vale é o que está no "coração", não é mesmo? A honra da palavra deve ser suficiente em muitos casos (principalmente em operações e volumes menores e/ou menos complexas de compra e venda). Se algo der errado, provavelmente não terá sido por falta de oficializar uma parceria; talvez o parceiro escolhido não tenha sido a melhor opção. Busque outro; simples assim.

3.1. Contratos e acordos

Defina claramente os termos e condições do contrato de venda/exportação, incluindo responsabilidades, termos de pagamento e cláusulas e foro para resolução de disputas. Tenha certeza de utilizar o Incoterm (termos internacionais de comércio) correto. Mas faça um contrato, de verdade! Se a sua empresa não for suficientemente grande para garantir que o comprador vai andar na linha com você, não confie apenas na proforma assinada, principalmente se não tiver pré-pagamento envolvido na operação. Eu sei, você sabe, pode ser chato de fazer, dá trabalho, mas ter um contrato propriamente dito, assinado, pode te ajudar muito numa eventual disputa jurídica. Certifique-se de que o contrato esteja em conformidade com as leis e regulamentos locais e internacionais, além de especificar o respectivo foro. Me agradeça depois.

4. Aspectos logísticos e operacionais

4.1. Transporte e logística

Avalie as opções de transporte e escolha a mais eficiente e economicamente viável para o envio de seus produtos. Cuidado com os embarques aéreos. Nesses casos os documentos costumam seguir com a carga. É preciso cuidado para balancear garantias de recebimento de pagamento e assegurar que o importador tenha os documentos em mãos para a liberação da carga em tempo hábil para evitar despesas desnecessárias.

Se possível, inclua seguro de carga no seu custo e na sua oferta para cobrir possíveis riscos durante o transporte, como danos ou perda de mercadorias. Esse é um tema que pode gerar bastante discussão. Muitos dirão "por isso eu vendo FOB". Sim, teoricamente, após a carga ultrapassar a amurada do navio a responsabilidade passa para as mãos do importador. Porém lhe pergunto: se houver um sinistro, e o importador perder a carga toda, você acha mesmo que ele vai honrar o pagamento devido? Como você garante o recebimento desse pagamento? Ou qual seria a probabilidade de você receber tudo o que lhe é devido sem o mínimo de dor de cabeça ou perdas? Sabemos que tudo depende da situação, do "quê", "quem", "por que", "como", "onde" e "quando", mas as chances são grandes de ter um problema se algo assim acontecer.

4.2. Armazenamento e distribuição

Entenda o caminho que seu produto percorrerá. Saber exatamente quais canais se está acessando pode evitar criar competição para si mesmo, dificultando estratégias comerciais, especialmente quando se têm parcerias em determinados canais ou nichos. Além disso, é importante entender como seu produto e marca, se for o caso, irão se posicionar no mercado.

4.3. Documentação e modalidade de pagamento

Tem muito exportador por aí que faz tudo certinho, vende bem, produz bem, embarca no prazo, mas na hora de emitir os documentos falha, colocando todo o bom trabalho feito até então em risco. A emissão de documentos de exportação deve ser feita com todo o cuidado, no menor tempo possível, revisada e, preferencialmente, aprovada pelo importador antes do despacho das vias originais ao exterior. Aliás, tenha certeza de confirmar que tem condição de emitir toda a documentação necessária para um determinado contrato antes de confirmar o negócio.

Talvez ninguém nunca tenha dito com tamanha franqueza as coisas que te direi agora, como amigo.

Pagamento contra cópia de documentos pode te salvar em alguns inconvenientes, como no caso de atraso na liberação da carga e/ou necessidade de revenda, porém não te garante o recebimento do crédito; CAD, tampouco. Já vi importador ter acesso a documentos sem pagamento por ter boas relações com o seu banco. Pagamento antecipado é bom, mas se o saldo não for recebido temos um problema de qualquer forma, menos grave, é verdade, mas ainda assim um problema. Draft avalizado não faz do banco um credor no processo. Tive um professor em um curso de MBA que dizia não vender nem para a sua mãe se não fosse com carta de crédito irrevogável e confirmada por banco de primeira linha. Nunca conheci a família dele; talvez sua "preocupação" tivesse algum fundamento, não sabemos. Mas de qualquer forma vale lembrar que a diferença entre o remédio e o veneno é a dose. Cartas de crédito, mesmo as bem estruturadas, podem criar um problema se todas as suas cláusulas não forem cumpridas e levadas à risca, cada ponto, cada vírgula. E, num mundo real, todos sabemos que não são todas as operações que viabilizam a utilização desse instrumento, cujo valor para emissão é sempre custoso.

Qual a melhor modalidade de pagamento, então? Depende. Analise o caso com cuidado e busque a que melhor se adéqua às suas necessidades e ao risco que está disposto a assumir no negócio.

Atente para onde vai enviar os documentos. Se o importador tiver acesso aos documentos originais, BL principalmente (mesmo que uma das vias originais apenas), ele pode liberar a carga e poucas são as chances de você cobrar o pagamento pendente, caso haja algum, se o importador quiser agir de má-fé. Por isso também evitamos vender para compradores de má-fé. O problema é que geralmente é só em uma situação dessas que conseguimos ter certeza das inclinações dele. É em maré alta que se descobre o bom marinheiro. Me perdoe o excesso de frases de efeito.

De qualquer forma, não podemos generalizar. Já acompanhei caso de documentos enviados diretamente e sem pagamento para o comprador. Porém, este agiu corretamente e honrou o pagamento. Talvez se fosse outro comprador, e se o exportador não fosse a segunda maior empresa do Brasil no segmento na época, lhe dando tanto força para disputar o caso judicialmente, se necessário, quanto autoridade para macular a imagem do comprador no mercado, a história poderia ter sido bem diferente.

Outra situação que já presenciei, esta bem mais inusitada, foi quando um determinado importador, ao serem solicitados os dados do banco para envio dos documentos originais, informou dados contendo o nome de um banco, porém mencionando o endereço do seu escritório — para onde os documentos acabaram sendo, de fato, enviados logo depois. Não acompanhei o desfecho desse caso, porém estou certo de que a resolução dele, seja qual tenha sido, demandou, no mínimo, muito mais tempo e esforço do que o comum.

De qualquer forma, cheque sempre para onde seguem os seus documentos. Proteja seus documentos; e proteja o BL, principalmente, "com a sua vida". Casos de solicitação de emissão do BL no destino ou emissão de *sea waybill* sem originais devem ser analisados com toda a cautela. Casos de embarques aéreos nos quais o conhecimento de embarque segue com a carga têm prerrogativa do pagamento antecipado, via de regra.

5. Análise financeira

Contrate seguro de crédito, mas não caia na sua falácia. Primeiramente verifique se o seguro a contratar faz distinção entre insolvência e inadimplência para não ser surpreendido depois. Acima de tudo, não acredite que está a salvo. A grande verdade é que seguro de crédito não foi feito para ser utilizado, mas sim para coibir a atuação de clientes mal-intencionados. Quando a diplomacia estiver quase se esgotando, sem resultados, você pode dizer ao cliente que acionará o seguro. Esse tipo de informe gera um alerta que muitas vezes termina por trazer resultados positivos. Nenhum comprador quer ter o seu *rating* rebaixado em uma seguradora e possivelmente em todas, manchando sua imagem e dificultando obter crédito de outros fornecedores. Mas o faça com cautela. No fundo você sabe que também não quer acionar o seguro, pois, caso consiga receber através deste, isso também pode afetar o seu cadastro na(s) seguradora(s).

5.1. Avaliação de risco cambial

Monitore as taxas de câmbio e preveja os impactos potenciais nas suas receitas e despesas. Admita que o ciclo para recebimento dos créditos de exportação é muitas vezes mais longo que no mercado interno. Utilize-se de instrumentos financeiros para *hedge* se achar necessário proteger-se contra flutuações cambiais.

5.2. Aspectos fiscais e contábeis

Entenda as implicações fiscais e contábeis da exportação, incluindo possíveis benefícios fiscais ou incentivos oferecidos pelo país de origem e destino. Saiba o que lhe é de benefício e também o que são barreiras no(s) mercado(s) de destino. Use esse tipo de informação tanto na sua estratégia comercial quanto na diligência.

Sabemos que os mercados estão cada vez mais competitivos, principalmente para produtos de baixo valor agregado. Tente, porém, e se possível, trabalhar com margens que lhe permitam manobras quando necessário, minimizando perdas. Problemas nunca acontecem, até o primeiro acontecer.

Conclusão

Realizar uma diligência completa antes de exportar é essencial para minimizar riscos e garantir o sucesso das operações internacionais. Espero que com os *insights* deste capítulo você possa estar mais preparado para os desafios do mercado global e aproveitar as oportunidades que surgirem. Lembre-se de que o exercício de *due diligence* é um processo contínuo e deve ser revisitado e atualizado conforme necessário para refletir mudanças no mercado e regulamentação, dentre outras.

Com uma abordagem cuidadosa e bem-informada, você poderá atuar no mercado internacional com confiança e obter alguma vantagem competitiva.

A depender das condições e cifras envolvidas e da complexidade da operação em questão, pode ser uma boa ideia a contratação de assessoria jurídica no país de destino para apoio no processo de *due diligence*.

Até aqui tudo muito útil, espero, mas eu sei o que você, leitor, no fundo, no fundo, quer saber: "Fulano recebeu o pagamento ou não, afinal?". Então eu lhe digo: sim, provavelmente... após grande dor de cabeça, noites de insônia, várias ligações ignoradas e muita oração para o seu padroeiro ao quase perder o emprego; tudo isso sem contar os prazos e descontos adicionais concedidos, muito a contragosto, e que doem no coração amargurado do Fulano tanto quanto no bolso e na memória do empregador até hoje. Mas vamos nos abster dos pormenores a fim de preservar o nome e a imagem do nosso herói.

2.

problemas de qualidade

— Segura! Mais uma!

Quarenta graus, um sol de "rachar" e o trabalho não para. São três os trabalhadores ativos nessa tarefa e, uma a uma, as caixas são retiradas do contêiner que jaz mal estacionado próximo à porta dos fundos do armazém, que, apesar de novo, aparenta poucos cuidados. Se houvesse uma doca propriamente dita construída ali, o trabalho talvez fosse agilizado. Não era o caso.

A cena se desenrola quando o comprador resolve acompanhar a movimentação. Equilibrando o celular entre a orelha e o ombro direito enquanto tenta tirar uma farpa ou algo assim de uma das unhas, apoia-se pisando em uma das caixas congeladas que saíram do contêiner e que estavam lá no chão do estacionamento esperando para serem resgatadas, e diz:

— Isso mesmo! Problema de qualidade!

Não conseguimos ouvir o pobre vendedor-exportador do outro lado, mas entendemos muito bem o que está acontecendo; e já podemos inclusive sentir a sua angústia.

— Qual o problema? Já viu a qualidade das suas caixas? São muito fracas! Não dá para comparar com as do seu concorrente. Desculpa, mas não tenho como vender a sua marca no mesmo preço — diz o importador enquanto parece estar testando a resistência da caixa na qual está escorado com a bota direita. — Tentar o meu melhor? Meu querido, nós aqui somos profissionais, temos um padrão de qualidade e zelamos pelo nosso nome. Só entregamos o melhor aos nossos clientes. Nós não "tentamos" o nosso melhor. Nós "fazemos" o melhor. Nós "somos" os melhores. Exijo compensação! Como assim "em negócios futuros"? De jeito nenhum. Quero desconto nos outros contêineres que já estão embarcados e chegando no porto esta semana — responde o sujeito. Enquanto se equilibra com o telefone no ombro, usa a destra para limpar o suor com um lenço marrom (ou originalmente branco, não se sabe ao certo), ao passo que tenta, com a outra mão, sem sucesso, rasgar a caixa que já estava ali sob o sol há quase uma hora.

Alguém ao lado lhe passa uma faca e, finalmente, abrindo a caixa, diz, muito resoluto:

— Olha só! Checando o produto aqui, vejo também sinais de descongelamento. Isso é muito sério. Como podemos trabalhar desse jeito, hein? — retruca, quase dando um pulo de susto quando outra caixa de mais de vinte quilos, arremessada de dentro do contêiner, aterrissa ao seu lado, junto de outras dez ou doze que também já saíram para pegar um "bronze". Gesticula então com os braços para o seu lançador, que possivelmente poderia reclamar o índice olímpico, com cara de alívio de quem manteve o pé intacto, e braços de quem pede calma para evitar qualquer acidente.

Ouvindo ainda apenas um dos lados, observamos o interlocutor, agora numa atitude bem mais prudente, buscando abrigo no refresco da câmara fria em seu armazém e aparentando disposição para muito mais prosa.

Por último, ouvimos:

— Não sei dizer ainda o tamanho da perda. Vamos calcular e te envio os detalhes. Conto com o seu apoio para resolvermos esta questão com urgência, afinal não temos como vender esses produtos no preço original, e, como você bem sabe... o mercado hoje já está pelo menos vinte por cento abaixo...

BOM... MAS TALVEZ NEM TANTO

"Qualidade." Quando ouço algum cliente adentrar nesse tema, já imagino o que vem pela frente. Você não?

Há alguns anos eu tive um cliente que me dizia "Eu sei que eu te pago USD 25 por tonelada a mais do que o mercado, não tenho problema com isso, mas te peço que cuide bem de mim e dos meus embarques". Ele gostava realmente da nossa marca. Ele era muito bonzinho, uma exceção, de fato. Recentemente ele vendeu sua empresa — talvez ser a exceção, nesse caso, não lhe tenha trazido bons resultados no longo prazo.

No mundo globalizado em que vivemos hoje há muito pouco espaço para esse tipo de concessão, infelizmente. O mercado é cruel. Em se falando de *commodities* ou produtos com pouca diferenciação, quase que análogos a estas, e olhando pelos olhos do comprador, uma compra malfeita pode acarretar grandes perdas, e a falta de competitividade pode determinar novos rumos de difícil correção a médio e longo prazos para uma empresa.

Daí advêm, muitas vezes e infelizmente, determinados desvios de comportamento dos clientes em sua busca desesperada por adquirir alguma vantagem extra em cada negócio.

O tema "qualidade" talvez não devesse, mas pode ser muito subjetivo no final das contas. Apesar de existirem parâmetros claros a serem utilizados para balizar a qualidade de muitos produtos, há sempre uma zona cinzenta com tópicos que podem ser colocados em questão, para dor do exportador e para salvação do cliente.

Não seria correto colocar todos os compradores num mesmo "saco". Existem profissionais bons e ruins em todos os ramos; e os matizes de índole também variam ao infinito. E está tudo bem. Faz parte do jogo. Os exportadores também conhecem os ajustes possíveis do seu lado para a viabilização dos negócios em certas ocasiões. Você, leitor, por certo entende do que estou falando, seja qual for a sua realidade. A cada um cabe o seu ofício. Mas estamos aqui para falar dos dramas do exportador.

Muitos compradores utilizam-se de artifícios para questionar a qualidade dos produtos comprados, buscando criar um espaço de manobra para conseguir tirar proveito do exportador, principalmente daqueles em posição fragilizada em determinadas situações. Esse é o caso, comumente, de novos entrantes no mercado, empresas pequenas, marcas ainda pouco conhecidas ou até mesmo produtos com características reconhecidamente enquadradas em categoria inferior, mas que, apesar do preço justo e proporcional à sua categoria, são deslealmente comparados com marcas líderes quando conveniente para o comprador.

É assim que chegam reclamações sobre a qualidade do produto em si, mas também sobre sua embalagem, rotulagem, além de outros temas relacionados, como cronograma de entregas, documentação etc. Por vezes, como mencionado, esses questionamentos escondem outras motivações.

O mais curioso é que muitas vezes os compradores nem sequer seguem os padrões de qualidade utilizados como referência para cobrar os exportadores e buscar as compensações indevidas.

A verdade é que tudo vai às mil maravilhas até uma queda um pouco mais acentuada no mercado. Todos compram de tudo e de todos, até os preços caírem. Em se tratando de comércio exterior, essa é uma questão muito sensível, pois o *lead time* para a entrega dos produtos muitas vezes leva meses a partir da confirmação de um contrato; os preços podem variar no período, ocasionando a chegada no destino de produtos a preços não mais competitivos. Então, diante da iminência das perdas, certos importadores buscam conseguir descontos, renegociar preços e/ou termos do contrato.

Meu conselho? Faça a sua parte corretamente. Quando estiver negociando um contrato, acorde todas as variáveis possíveis para o seu produto, fixe parâmetros absolutos, estipule a referência para o que for relativo; se tiver mais de uma fábrica, estipule, idealmente, onde vai produzir, alinhe toda a logística e aponte uma data para embarque que possa ser cumprida — e cumpra! Depois do embarque, faça os documentos corretamente, faça o envio corretamente. Acompanhe todo o processo cuidadosamente. Entregue o que prometeu e não dê chance para ninguém usar qualquer deslize seu, especificamente, ou da sua empresa, para tirar vantagem de você.

Se ainda assim isso acontecer (e vai acontecer em algum momento), busque a resolução da melhor forma; a menos que você seja monopolista ou oligopolista e tenha uma representatividade muito grande no mercado, nada de ameaçar o cliente. Pelo menos não mais do que o necessário. Não estique a corda até arrebentar. Pense que, se ele tem um problema agora, e se você tiver que renegociar essa carga para outro cliente, vai fazê-lo nas mesmas circunstâncias, ou ainda piores. Se você for empregado, principalmente, e não souber onde estará amanhã, melhor também evitar fechar portas. Eu sempre evito fechar portas.

E se o problema for legítimo? Primeiramente, cabeça no lugar. Tente resolver de forma profissional e não deixe suas emoções te dominarem. Seja cortês, tanto quanto possível, principalmente se o cliente não tiver "culpa no cartório". Assuma a sua responsabilidade, se for o caso. Não deixe de ser quem você é nesses momentos, sobretudo se você for uma pessoa boa. Não se perca. Pense na continuidade dos negócios no médio e longo prazos. Faça o que tiver que fazer; envolva quem tiver que envolver — o armador, um *surveyor* ou quem quer que seja. Resolva, e o faça o mais rápido possível. O menor prejuízo é geralmente o primeiro. E muitas vezes resolver um problema assim, no final, custa menos do que o desgaste de uma boa relação com um cliente.

3.

private label

— Poxa vida! De novo o mesmo problema?

— Eu sei, eu sei, eu prometi que não aconteceria de novo, mas o mercado está muito ruim, não tenho como escoar esse volume agora. Os preços estão muito baixos. Inclusive estou segurando estoques também, além do que temos aí com você na fábrica. Você sabe que sou um bom cliente. Nunca te deixei na mão. Só te peço um pouco de paciência.

— Mas a questão é que tudo que produzimos está com a sua marca. Se fosse produção com a minha embalagem, eu já poderia ter vendido para outro. E agora? O que eu faço? Não tenho como segurar mais esse estoque. Preciso embarcar.

— Preciso de mais tempo.

— Quanto tempo?

— Não sei... mais tempo.

— Pelo amor de Deus. Preciso de uma solução para ontem!

— Não sei o que dizer... Eu poderia até te pedir desconto, mas acho que você poderia me entender mal e não aceitar. Aceitaria?

— Não!

— Então.

— "Então" o quê?

— O que eu posso fazer?

— Não sei. Ache uma solução. O produto é seu. Sua marca, sua etiqueta.

— Eu poderia te pedir prazo para pagamento, mas acho que você também não aceitaria... aceitaria?

— Sem chance! Já não basta eu ter te vendido com *private label* sem adiantamento (não sei onde eu estava com a cabeça, meu Deus).

— Então, nesse caso, acho que o melhor mesmo é você revender.

— Com a sua etiqueta? E já com quase metade da validade perdida? Não tenho outro cliente para isso. Já chequei no mercado e não consegui nem *bid*.

— Sendo assim, já que não tem outra solução, mesmo eu querendo muito ficar com o produto, acho que o melhor é deixar você livre para reprocessar a mercadoria e dar um novo destino para ela.

— Não acredito que chegamos neste ponto! De quanto desconto e prazo você precisa?

Bem...

REFÉM

Produzir com *private label* faz parte da estratégia de muitos. Essa é uma opção que pode ser bem interessante, principalmente para aqueles que não fazem muita questão de desenvolver a sua marca em dado mercado. Valendo-se desse modelo, é possível aumentar os níveis de produção, obtendo economia de escala e sustentação para os negócios em geral. São fechados, comumente, volumes que permitem ao produtor maior previsibilidade dos embarques e atribuição de grande parte da responsabilidade da comercialização dos produtos para terceiros. Há, contudo, que observar algumas possíveis situações que podem transformar essa solução em um grande problema.

Enquanto transferimos ou dividimos a responsabilidade do acesso a esse mercado com um determinado cliente, geralmente não observamos que podemos nos colocar em posição de fragilidade diante dele, caso não tomemos alguns cuidados.

Primeiramente, embora seja justa e coerente a ideia de impor ao comprador o pagamento de um determinado valor antecipado destinado a cobrir custos iniciais de insumos de produção (geralmente relacionados a embalagens e etiquetas em sua marca própria), esses adiantamentos são geralmente irrisórios em relação às cifras negociadas de fato. Portanto, esses valores não devem, e não podem, ser tomados como garantias contra possíveis perdas na operação. Assim, faz-se necessário, ainda mais do que nos casos de negociações comuns (com o exportador vendendo sua própria marca), que se incluam na negociação garantias reais de pagamento.

Entenda que, ao produzir a marca e, portanto, o produto de alguém, você perde em grande parte poder sobre a sua gestão. Salvo em determinadas circunstâncias, por exemplo, no reprocessamento da carga — que pode geralmente ser decidido unilateralmente, se o tipo de produto, validade e políticas internas e externas permitirem —, você só vai conseguir se livrar dos produtos quando tiver autorização do dono. Do contrário vai amargar os custos e o inconveniente do estoque. Além disso, enquanto a casa (ou a fábrica) se torna um "cativeiro", a situação pode ser agravada a depender dos termos, Incoterm e condições de pagamento negociadas. Vendas EXW e FOB, por exemplo, aumentam a responsabilidade, mas também o poder do comprador, pois o exportador fica à sua mercê aguardando a coleta ou o *booking* para embarque; vendas incluindo o frete têm efeito oposto.

Ter algum percentual considerável de adiantamento ou a utilização de instrumentos fortes, como carta de crédito, por exemplo, tende a inibir posturas indesejáveis do comprador — que já arcou com algum investimento inicial ou adquiriu a responsabilidade de pagamento perante um banco.

Tenha em mente que, em casos de problemas nesse tipo de operação, envolvendo marca própria do cliente, são muito grandes as chances de perda, seja porque a revenda pode não ser possível ou, se for, provavelmente porque será negociada em níveis mais baixos do que os atuais de mercado; ou ainda, diante da possibilidade de ter que reprocessar ou até mesmo dar perdimento na carga.

Ficam, portanto, algumas sugestões para se precaver, na medida do possível:

- Solicitar pagamento antecipado dos insumos (embalagem e etiquetas) para produção específica.
- Trabalhar com condições de pagamento que incluam percentual considerável de adiantamento (suficiente para cobrir possíveis perdas) e/ou, se possível, adotar a utilização de instrumentos fortes de garantia de recebíveis.
- Analisar a viabilidade de negociar termos relegando ao exportador a responsabilidade pelos fretes e embarques (se sua operação for minimamente estruturada para isso).
- Estabelecer claramente em contrato os prazos de embarque (e cumprir o que está acordado nesse sentido)
- Buscar evitar adequações de produto que possam restringir os mercados de acesso deste. Por exemplo: datas de validade mais extensas, para atender um dado mercado mais tolerante nesse aspecto, podem gerar dificuldade para o (re)direcionamento da mesma carga para outros mercados com menores prazos de validade aceitáveis e praticados.

Apenas para ilustrar este último ponto, tenho visto ao longo dos anos certos produtos acessando o mercado saudita, por exemplo, com um ano de validade apenas, quando o permitido oficialmente nesse mercado seriam dois anos. Essa estratégia tem como premissa a flexibilidade de poder direcionar esses mesmos produtos aos demais mercados do golfo Arábico — que só permitem o acesso desses mesmos produtos com um ano de validade apenas. Nesse caso, o exportador abriu mão de um ano de validade em prol de um maior território à sua disposição. Por certo há sempre um *trade-off*. Talvez os produtos em questão tenham sofrido com uma precificação mais baixa por oferecerem apenas metade da validade dos concorrentes; nem tudo são flores. De qualquer forma, cada empresa tem a sua realidade e, portanto, cada caso precisa ser estudado em suas especificidades.

4.

mudança de canal bancário

Trimmmmmmmmmmm.
(toca o telefone)

— Alô. Senhor Beltrano? Bom dia!

— Bom dia. Quem fala?

— Aqui é do financeiro da empresa "X Exportação". Estamos ligando para checar quando o senhor pretende fazer o pagamento da fatura 0030.

— Mas nós já pagamos essa fatura há mais de duas semanas. Deve haver algum engano.

— Nesse caso, o senhor poderia compartilhar a cópia do *swift* referente a esse pagamento, para que possamos localizar o crédito, por favor?

— Claro! Agora mesmo te envio por e-mail.

— Obrigado. Ficamos no aguardo do seu e-mail.

Trinta minutos depois, novamente ao telefone:

— Senhor Beltrano? Agradecemos o envio do *swift*. Verificamos aqui e esses dados bancários não são de nenhuma de nossas contas. Será que o senhor não nos enviou o comprovante errado por engano?

— Como assim? Não tem engano algum. O comprovante está certo. O dinheiro saiu de nossa conta normalmente e nós seguimos exatamente as instruções de vocês.

— Senhor Beltrano, se olhar bem, verá que os dados bancários são diferentes da conta de costume, através da qual sempre recebemos os pagamentos de vocês.

— Sim, eu sei disso. Eu segui as instruções que me enviaram por e-mail sobre a alteração do canal bancário.

— Senhor Beltrano, nós não alteramos nosso canal bancário. Pode compartilhar essa mensagem que recebeu, por favor?

— Sim, com certeza. Só um minuto. Já estou te enviando. Aguarde na linha, por favor.

— Pronto.

— Recebi seu e-mail, senhor Beltrano. Mas, pelo que vejo, esse e-mail não foi enviado por nós. Note que tem uma letra a mais no endereço de e-mail.

— Meu Deus!

Essas foram as últimas palavras do sr. Beltrano antes de desligar. Não sabemos se em seguida foi reportar ao gerente, à polícia ou ao seu cardiologista.

TODO CUIDADO É POUCO

Se eu pudesse apontar uma só parte deste livro para ficar de mensagem, talvez fosse esta mesma; e, por mais que eu ache que aqui nesta temática tenhamos apontamentos óbvios, acredito que até mesmo o que é óbvio precisa ser dito.

O mundo mudou. Muita coisa para melhor, outras, nem tanto. Me impressiono ao ver a quantidade de golpes aplicados hoje em dia (e cada vez mais comuns) no contexto das exportações, a maioria deles relacionada ao mau uso da tecnologia. Portanto, seria impossível estabelecer um guia cem por cento efetivo para evitar ser pego em uma dessas ciladas. Porém, de forma geral, podemos sugerir que nunca se transfira dinheiro sem saber para quem está mandando. Isso vale para a vida toda, na verdade. No caso da situação exposta aqui, especificamente, isso tem sido muito mais comum do que se pode imaginar, infelizmente.

Se algo desse tipo acontecer com você, algumas ações para se precaver e buscar confirmar a legitimidade da comunicação podem ser:

- Verificar o endereço de e-mail letra por letra.
- Checar se o endereço de e-mail do remetente por acaso não está configurado para mostrar outro nome em vez do endereço em si. Há casos em que o golpista registra o e-mail correto da empresa com o qual os clientes e fornecedores já estão acostumados como o "nome" ou um rótulo relacionado ao endereço real falso. Isso implica que os e-mails recebidos por outrem mostrem em sua caixa de entrada um endereço de remetente irreal, mascarando o e-mail errado.

- Responder à mensagem pedindo a reconfirmação da mudança do canal, porém, em vez de responder automaticamente para o e-mail remetente, inclua manualmente pelo menos um, se possível mais, e-mails através dos quais você já mantém comunicação com a empresa em questão.
- Não efetuar pagamento algum sem falar antes por telefone também com a pessoa que é ponto focal na empresa e com a qual você já tem interlocução estabelecida há algum tempo. Não deixe de fazer isso, ainda que lhe acarrete algum atraso no pagamento.
- Não proceda ao pagamento na mesma hora. "Durma uma noite em cima" dele se precisar, mas faça todas as averiguações necessárias.

Claramente a situação em questão, bem como as medidas propostas aqui, referem-se muito mais ao importador ou ao intermediário, como uma *trading company*, por exemplo. Contudo, há grandes chances de todos saírem perdendo em casos assim. Você, exportador, não se iluda: num caso desses seu pagamento não está assegurado se o comprador já mandou o dinheiro para a conta errada. O dinheiro que ele enviou não era dele, era seu!

Mas, do lado do exportador, o que se pode fazer para diminuir a exposição a esse tipo de golpe?

Eu diria que a adoção de medidas proativas no que tange à sua comunicação com os clientes é fundamental e, possivelmente, a sua melhor arma; informar canais bancários já na etapa inicial, na proforma, ou contrato, mencionando que qualquer tipo de alteração nesse sentido deve ser enviada por você, por escrito, e validada por telefone, pode ser uma boa saída. Além disso, você, exportador, sabe muito bem para quando deve esperar seu pagamento. Antecipe-se, pegue o telefone e faça o *follow-up*. Você pode até utilizar essa ligação para se assegurar de que tudo está "em ordem para o pagamento" como pretexto para saber se realmente o crédito deve vir no prazo esperado.

5.

o milagre da multiplicação (das ofertas)...

● ● ● acontece, provavelmente, com muito mais frequência do que pensamos. O exportador tem um volume relativamente pequeno para vender, mas em vez de ofertar para um ou dois compradores, manda uma enxurrada de ofertas. Depois não sabe por que o mercado cai.

Vejamos o que se passou com o nosso prezado exportador nesta reunião...

— E aí? Vamos fechar?

— Não sei não. Tem muita oferta no mercado e o preço está caindo — responde o comprador, reticente.

— Aí que você se engana. Eu mesmo só tenho esses dois contêineres para vender. Depois que vender esses dois, só terei mais volume no mês que vem.

— Mas tem muita oferta sua no mercado. Hoje mesmo recebi outras ofertas do seu produto mesmo, através de terceiros e a preço mais baixo do que você está me ofertando diretamente inclusive.

— Não é possível! — argumenta o inocente exportador.

— Mas é verdade. Olha aqui — responde o cliente, enquanto abre uma mensagem recebida no celular.

Uma coisa interessante das reuniões presenciais é que sempre tem um comprador *troublemaker* pronto para te mostrar um e-mail recebido com oferta do concorrente e que, teoricamente, não deveria mostrar a ninguém.

Nesse caso era uma oferta sua mesmo, que chegou indiretamente ao comprador. A mensagem dizia:

> Posso ofertar, 2-4x40"FCLs a USD 1000 FOB, sujeito a confirmação.
>
> Creio que consiga pelo menos USD 25 de desconto.
>
> Pode me dar um *bid* firme?

A mensagem menciona claramente o produto e a marca. Não dá para negar.

Indignado, o exportador rebate:

— Está errado! Essa oferta não existe.

No entanto, no fundo ele sabe que ofertou, sim, para esse *broker*, que, por sua vez, ofertou o mesmo ao seu cliente direto. Contudo, ofertou dois, e não quatro, contêineres; e nunca discutiu a possibilidade de redução no preço.

O comprador, agora tomando gosto por discutir o tema, prossegue:

— Além disso, recebi outras duas ofertas para dois contêineres cada, também para a sua marca. Quantos contêineres vocês têm disponível ao todo? Somente esses oito?

Se pudéssemos congelar a cena por um momento ou, ainda, ler os pensamentos dos personagens veríamos:

- O que se passa na cabeça do exportador: "Como chegamos a oito contêineres se eu só tenho disponibilidade de dois?".
- O que se passa na cabeça do importador: "Se eu tenho oferta para oito, ele deve ter mais volume disponível. O preço deve cair. Tenho que ter cuidado e só comprar se conseguir um bom desconto".

Daí o comprador pede um minuto para atender o telefone e, enquanto prolonga sua conversa, em sua própria língua — sem uma palavra sequer que seja decifrável aos mais atentos ouvidos tupiniquins —, o nosso herói checa suas mensagens no celular.

A coisa vai de mal a pior. Havia enviado a mesma mensagem com a oferta para vários importadores, *traders*, *brokers* e até mesmo para a sua tia Augusta, por engano. As respostas começam a chegar; algumas negativas (inclusive da sua tia), mas também mensagens com indicação de preço na casa dos USD 200 e uma única contraproposta firme a USD 300 abaixo do preço ofertado.

Para os amantes de futebol, essa é a hora em que o árbitro apita, para o jogo, faz aquele quadrado no ar, pede o VAR e corre para o monitor para tentar entender melhor o que aconteceu.

Mas eu sei, você sabe, nós sabemos o que aconteceu. Foi o milagre da multiplicação das ofertas. Uma mesma oferta enviada para vários compradores em potencial sinaliza ao mercado que há muito mais produtos disponíveis à venda do que de fato há. "Pode isso, Arnaldo?" Pois é, o mercado é implacável.

"Mas foi falta, senhor Juiz?" Foi sim. Faltou orientação e experiência; e agora falta calma. Mas a regra é clara!

Eis então que o comprador termina a ligação — que até então nem sabíamos se tratar do mesmo tema. Em seguida, resoluto, enquanto esfrega o celular na camisa, no peito estufado de quem tem razão, para lustrar a tela pós-uso, diz:

— Podemos fechar a USD 700 FOB.

Se você vem do agronegócio, diria "abriu a porteira" ciente de que, "onde passa boi, passa boiada".

Mais tarde veremos nosso protagonista, cabisbaixo, já de volta à sua mesa, respondendo às mensagens recebidas (inclusive àquelas com proposta um pouco melhor, mas que só chegaram posteriormente) com a negativa: "Sem disponibilidade no momento". Já vendeu "todos" os seus dois contêineres. O preço? Nem queira saber.

... E DOS PROBLEMAS

O exportador é uma figura muito interessante. Enquanto não podemos estabelecer, arbitrariamente, um perfil que defina exatamente o comportamento de todos, nos deparamos com certos padrões que, como podemos observar, se replicam no movimento de muitos. Quando determinado mercado está indo bem, todos querem vender para lá. Quando ele para de performar tão bem, todos o deixam de lado. Quando o preço está bom, aumenta-se a produção e as vendas; quando o preço cai, todos rapidamente desaceleram — sem, necessariamente, se preocupar com a continuidade do trabalho onde quer que seja. No fundo, esse tipo de comportamento é perfeitamente entendível e aceitável, não tanto por se tratar de uma estratégia com o objetivo de alcançar o melhor resultado, mas talvez muito mais por refletir uma necessidade natural relacionada à sobrevivência, antes de tudo.

Não quero entrar aqui no mérito de quão efetivas podem ser essas medidas. Há sempre que se levar em consideração o contexto e a realidade de cada um; e, na realidade, a situação apresentada neste capítulo nos diz muito mais sobre a mentalidade e o temperamento do exportador do que sobre o fato e a situação em si.

No caso, temos um exportador que tinha um determinado volume de produtos a ser vendido (dois contêineres) e ofertou no mercado muito mais do que isso. Sabemos que ele fez isso com a maior boa vontade. Sua intenção foi das melhores: atingir o maior número de compradores em potencial, aumentando suas chances de resposta positiva e de venda. Porém, ele não atentou ao fato de que, ao ofertar muito mais do que tinha, sinalizou ao mercado que o volume disponível para venda era muito maior do que era na realidade.

Quais foram as consequências dessa imprudência? O mercado precificou o seu produto incorretamente, para baixo. Além disso, o exportador se posicionou, ainda que sem intenção, de forma indesejada, fosse quanto ao seu preço ou quanto à sua postura perante o mercado.

Os desdobramentos desse tipo de ação podem durar muito tempo para serem revertidos ou corrigidos.

Semelhantemente, em casos de revenda se deve levar isso em conta, a fim de evitar que outros *players* tentem tirar vantagem (além do normal) de você, exportador, derrubando o seu preço e o mercado em si.

No primeiro caso, seria possível "simplesmente" não vender para esse mesmo mercado. Direcionando o volume para outro mercado externo ou até para o mercado doméstico, pode ser possível manter o preço no primeiro — palco do "circo" armado. O ponto negativo aí é a quebra de regularidade na presença e vendas nesse país ou região — o que também teria efeitos negativos.

A meu ver, a melhor solução para esse caso seria conversar francamente com um cliente parceiro confiável e fechar com ele todo o volume disponível, tomando as medidas necessárias para não o prejudicar ao vender novos volumes pouco tempo depois a outros compradores a preço mais baixo. Clientes que podem ser a solução para você em momentos assim devem ser cultivados; são raros. Espero que você tenha o seu. Se tiver, proteja-o. Se não tiver, trate de buscar prospectar um e trabalhe na construção dessa parceria.

Acima de tudo lembre-se: comprar ou vender mais do que se pode é um problema; ofertar o que não se tem, mais cedo ou mais tarde, também é.

6.

o salvador da pátria

BAM! Um dia alguém ainda morre do coração com isso, eu tenho certeza! Qualquer dia desses você vai ver. Um visitante, alguém desavisado, ou até mesmo a gente que trabalha aqui todos os dias.

— Calma aí, José, não precisa quebrar a porta — eu digo.

— Pô, Fulano! A Fábrica 1 está rodando sem contrato de novo? — responde o nosso gestor do PCP.

— Mas eu coloquei um contrato lá recentemente. Deixa eu checar — respondo, na tentativa de me esquivar do primeiro golpe enquanto ganho fôlego para tentar lembrar se o que estou dizendo está realmente certo e na esperança de ter blefado, mesmo que sem querer, com a verdade.

— Já temos três toneladas em estoque e não temos contrato de exportação para a semana que vem! Assim não dá! Sabe quanto vai custar essa "brincadeira"? — rebate o inquisidor.

Era sempre a mesma história. Quando ia revisar a produção da semana seguinte ou quando tinha alguma reunião com a diretoria, e era preciso atualizar dados de produção, estoque, vendas... a mesma novela.

Então me ocorreu que, na verdade, alguns dias atrás fomos instruídos a segurar as vendas de exportação porque o mercado interno estava "bombando".

— José, mas, se me lembro bem, foi você mesmo que pediu para não fechar novos contratos por agora, não é mesmo?

— Tá maluco? Isso foi semana passada. Viu só o preço que estão pagando hoje? — responde o nosso xerife.

Diante do meu segundo e meio de hesitação em responder, ele complementa:

— Outra coisa... O que eu vou fazer com esse estoque sem contrato? Vou mandar para onde? Vou mandar para sua casa!

Até que não seria má ideia, se fosse possível. Eu faria qualquer coisa para sair daquela saia justa naquele momento. Cheguei a pensar em simular um ataque epilético, um infarto ou algo do tipo para sair daquela situação, eu juro. Me faltou coragem, mas tenho que admitir que teria sido muito engraçado. Teria sido "épico", ainda mais com todo o time na sala.

— Zé, o mercado interno não absorve esse volume não? — pergunto, na maior ingenuidade e esperança de conciliação e cooperação, e até um tanto feliz em propor uma solução.

— Ah! Agora, além de não vender contrato de exportação, você quer derrubar ainda mais o preço no mercado interno também? Era só o que me faltava. Se vira! Vê se vende pelo menos dois contêineres, para produção imediata — essa é a última ordem antes da sua segunda tentativa, malsucedida, de arrancar a porta do escritório ao sair.

Daí fica aquele "climão", sabe? Ao passo que todos retomam o trabalho, e aquele silêncio sepulcral, aos poucos, vai dando espaço para o som dos teclados, telefones e cochichos sobre o coleguinha que levou uma reprimenda na frente de todos. Enfim, esses tipos de sons e cenas comuns na maioria dos escritórios que a gente vê por aí. Eu não preciso levantar a cabeça para perceber os olhares dos colegas. Além disso, tenho outras preocupações no momento.

Já passa das quatro. É sexta-feira, final do dia; quais são as chances de fechar esse contrato a essa hora? O final de semana está começando "muito bem".

Tento três clientes bons, da minha melhor safra; dois deles não atendem. O terceiro não tem condições de comprar no momento, pois ainda tem estoques muito altos e embarques a caminho. Então sou obrigado a tentar um quarto cliente. Esse sempre compra tudo o que eu lhe oferto, porém essa "gentileza" toda, assim como tudo na vida, tem sempre o seu preço. A gente sempre tende a pensar que problemas podem custar caro, mas a verdade é que as soluções também. *There is no free lunch.*

Se eu tenho a certeza de que esse cliente vai levar esses dois contêineres, ou pelo menos me dar um *firm bid* para fechar o negócio, tenho mais certeza ainda de que este será bem abaixo do mercado.

Ele me atende de pronto. A conversa não leva mais que cinco minutos, acho. Também não posso dizer que a negociação com ele é difícil, é fato. No fundo, no fundo, durante toda a conversa nós dois sabemos que ele levará esses contêineres; a questão é mesmo "a que preço".

No final, concordamos em aumentar o nosso contrato atual (que está sendo produzido em nossa outra fábrica) de dois para quatro contêineres. Usaremos as duas plantas para compor a produção toda. Para fechar esse negócio, porém, adivinhe... sou obrigado a reduzir o preço de todos os quatro contêineres em 10%.

— Me mande o contrato ajustado! — diz o meu salvador ao telefone.

— Ótimo! Mando já, já! Obrigado! — é o que eu digo, tentando disfarçar a satisfação pelo meu feito.

Ao desligar o telefone, ajusto o contrato e o envio imediatamente. Em seguida, ameaço levantar da cadeira para ir à sala ao lado mostrar ao José a minha eficiência e dizer que confirmei a venda solicitada. Antes que eu levante, contudo, quem entra pela minha porta de novo? Sim, ele.

— José, olha... — eu digo, e imediatamente sou interrompido:

— Fulano, não precisa mais vender aqueles contêineres. Esquece. Alocamos a produção para o mercado interno mesmo. A coisa melhorou bastante lá. Não faz sentido mesmo virar a produção para exportação. Não venda mais nada para exportação por agora. Não temos como fechar mais nenhum contrato. Estamos com a produção toda tomada pelas próximas duas ou três semanas pelo menos, inclusive na outra fábrica. Acho que vamos acabar atrasando os contratos já em produção lá também.

Nem sei dizer qual é a minha reação no momento. Acho que simplesmente fico paralisado tentando assimilar o que acabou de acontecer. E agora? Vou ter que "lutar" para honrar o novo pedido confirmado; ou terei que cancelar os dois contêineres vendidos. A reversão do desconto dado nos dois contêineres que já tínhamos em carteira será muito difícil, afinal eu já enviei o contrato revisado com o preço novo; além de ter que me preocupar agora se o cliente vai pedir desconto devido ao atraso nos embarques do que já tínhamos fechado e programado.

Por fim, já abrindo a porta, José ainda se vira para mim, sorridente, e complementa sua última fala, interrompendo novamente meus pensamentos, dizendo:

— O que seria de você sem mim, hein?

... e sai da sala.

SALVE-SE QUEM PUDER (SE PUDER)

Está aí uma situação que talvez não encontre ressonância na sua vivência no comércio exterior até hoje. Muitas empresas trabalham com uma estrutura bem enxuta. É muito comum o cidadão ter que cruzar a bola e sair correndo para cabecear e marcar o gol nesse meio. No entanto, embora não pareça, esta história não é sobre partes que não se conversam num todo, ou departamentos que se digladiam buscando proteger-se em detrimento dos demais. O tema aqui é estratégia.

Se você está lendo este livro e chegou até aqui, eu creio que não preciso te amolar buscando te convencer dos benefícios de exportar. Isso você provavelmente já sabe, ou sente de alguma forma. Há, no entanto, muito a falar sobre a postura do exportador.

Buscar abrir um mercado novo é algo que pode demandar muito esforço e recursos. São muitas vezes ligações internacionais, viagens, participações em feiras, adequação de material de promoção, adequação do próprio produto, capital humano e tempo que são despendidos em esforços coordenados para conseguir entrar em um mercado novo. São tantos os esforços e investimentos que fariam a empreitada inviável caso o retorno esperado não fosse condizente e, sobretudo, melhor do que se ganha ficando "quietinho, em casa", no mercado interno.

Assim, eu me pergunto sempre a razão de muitas empresas por vezes decidirem abandonar sua posição conquistada a todo custo nesses novos territórios; ou as motivações de assumirem uma postura de distanciamento ou até mesmo de desdém em relação a estes.

Nesta hora você pode estar pensando: "Agem assim simplesmente porque a função de qualquer empresa é o lucro, portanto elas devem sempre focar em vender onde quer que estejam pagando mais"; e eu não te culpo por esse pensamento, pois essa é a forma de pensar de muitos outros exportadores; e é como aprendemos. Se essa forma de pensar está correta? Quem sou eu para responder a essa pergunta? No entanto, me sinto na obrigação de compartilhar outro ponto de vista aqui para reflexão.

Já ouviu dizer que "dor de barriga não dá uma vez só"? Pois é, um ditado muito simplista, mas que traz consigo uma grande verdade. Veja bem. Você trabalhou duro para iniciar as suas vendas em um dado país. Agora você tem uma opção a mais de onde vender seus produtos. Como é que você tenta se posicionar lá? Como é que você pode garantir que seus produtos serão precificados nos mesmos níveis das demais marcas? Olhe lá, não estou nem falando aqui daquela marca líder que é a primeira que lhe vem à mente, mas da média. Agora pense bem. Se você, que tem feito suas vendas iniciais, ou suas vendas regulares, para o país "x", percebe que o mercado doméstico está pagando melhor em dado momento e decide direcionar toda a sua produção para lá, abandonando sua posição nos demais mercados... quais serão provavelmente as implicações desse movimento? Já parou para pensar nisso?

Sem dúvida, esse tipo de análise precisa levar em conta a realidade de cada empresa, o tipo de produto, características e estruturas de mercado, dentre outros. Porém, respeitada toda a diversidade, de uma forma geral, podemos esperar que:

- Primeiramente, aumentando o volume comercializado no mercado interno você tende a trazer o preço para baixo neste (onde você está agora); e, se você não acha que o seu volume pode ter uma influência tão grande assim, acredite, você provavelmente não será o único a adotar essa estratégia. Se os incrementos de volume de um único fornecedor podem não causar impactos, ou danos, significativos nesse sentido, espere até observar as mesmas ações replicadas por vários outros fornecedores de forma desesperada e desordenada, num efeito manada. A microeconomia há tempos joga luz nesse tema explicando sobre a lei de oferta e demanda. Não há segredo. Não existe mágica aqui. Temos aqui um movimento "osmótico" de saturação de mercados.

- Em um segundo momento, ou talvez quase que paralelamente, diminuir o volume naquele determinado país de destino desdobra-se em tendência de alta de preço lá (onde você já não está mais).

Percebeu? Ficar transitando de lá para cá, pulando de "galho em galho", sem estabilidade e sem estratégia, é como andar sempre na contramão e atrasado. Os resultados a médio e longo prazos possivelmente estarão sempre aquém do esperado, e isso o fará chegar à conclusão, provavelmente errada, de que não vale a pena exportar quando na verdade a conta só vai fechar com estabilidade e regularidade.

Ao tomar decisões de venda e produção, considere que aumentar ou diminuir os volumes ofertados afetará diretamente os preços onde se vende.

7.

fogo amigo

Dia especial. A sra. M, gerente comercial da empresa "Y", estava muito feliz. Depois de quase dois anos trabalhando na abertura de um novo mercado, finalmente conseguiu fazer a sua primeira venda para lá.

Na empresa "Y" não se falava em outra coisa. Aliás, o assunto já estava na "boca do povo"; tinha até virado capa de jornal. Cidade pequena, todos sabemos como é. As expectativas de aumento de vendas e novos empregos gerados eram realmente promissoras. Após aquela reunião com o prefeito da cidade, o tema precisava progredir. A empresa e a cidade contavam com isso.

Assim, a sra. M fez questão de estar lá no destino quando o primeiro carregamento chegasse. Já estava pensando nas fotos que tiraria e em toda a publicidade que faria ao voltar. Mal conseguiu dormir naquela noite em que chegara, um pouco por causa do fuso, muito pela ansiedade que a consumia, apesar da experiência de quase dez anos nos negócios.

Acordou, desceu para tomar café da manhã, mas na verdade comeu bem pouco. A comida do hotel não estava do seu agrado. Não teve ânimo de ir à academia. Preferiu dedicar-se a checar seus e-mails antes de se aprontar para sair, prevendo que possivelmente estaria mais cansada ainda ao voltar — daí sim, devido mais à questão do fuso horário mesmo.

A recepção do hotel não era muito confortável, portanto decidiu descer apenas quando o motorista já estivesse à sua espera. Se sentiu muito bem recebida e grata ao cliente por ter lhe oferecido enviar o seu motorista para levá-la do hotel ao seu escritório e armazém.

Em poucos minutos estranhou o caminho que percorriam. Já tinha ido outras duas vezes a esse país e estava de certa forma familiarizada com aquela área.

Para sua surpresa, o carro parou em frente a um mercado. Era um desses minimercados "de bairro". Já na calçada, próximo à porta de entrada, a aguardava o seu cliente, porém, ao contrário do habitual semblante sorridente, portava uma cara sisuda, como nunca havia visto.

Após os devidos cumprimentos, muito "frios", diga-se de passagem, e com cara de bem poucos amigos, o cliente convidou a sua visitante a entrar no recinto.

Sem entender muito bem, ela lhe disse:

— Achei que fôssemos ao armazém acompanhar o descarregamento do nosso contêiner.

— Na verdade, estava esperando você chegar para mostrar isto — disse o comprador, apontando para uma das prateleiras do mercado.

Espantada, a vendedora respondeu, sem disfarçar a surpresa e o contentamento:

— Como assim? Nosso produto já está à venda nas prateleiras? Uau! Achei que o contêiner estivesse chegando somente hoje para você.

— Está chegando hoje, sim — rebateu bruscamente o anfitrião.

— Não estou entendendo — defende-se a moça.

— Eu também não — retruca o cliente, que, se acompanhasse a programação noturna dominical da TV brasileira pouco mais de uma década atrás, com o perdão do trocadilho, por certo perguntaria: "Ah! Que mágica foi essa, Mrs. M?".

Não só o seu produto estava sendo vendido ali como também a um preço bem abaixo do que ela vendera para o seu comprador parceiro — que tinha aceitado importar o produto pela "primeira vez" no mercado.

Após discutirem com o gerente do estabelecimento, ficou entendido que o produto fora importado, por terra, a partir do seu distribuidor no país vizinho. Agora, com a concorrência criada para si mesma, nossa personagem, cabisbaixa, acompanhou seu "já não tão parceiro" comprador até o escritório dele para negociar os termos de compensação para que este pudesse não apenas liberar o contêiner, que estava ainda no porto, mas também vendê-lo a preço competitivo. Só sabemos que após esse primeiro embarque pouco se ouviu falar da sua marca no país, para tristeza da sra. M; e do prefeito de sua cidade.

PAI E MÃE SÃO QUEM CUIDA

Seu produto é como um filho. Não espere que ninguém cuide dele com o mesmo amor que você. Não o deixe sob os cuidados de qualquer um. Saiba sempre onde ele está e esteja sempre por perto para quando precisar de você.

Leva tempo para construir, amadurecer e posicionar uma marca. É um trabalho que pode demorar anos. Por outro lado, é perfeitamente possível destruí-lo todo em questão de "instantes". Leve isso muito a sério!

Saiba onde seu produto está sendo vendido, quais os canais que está acessando, qual o seu lugar na prateleira. Saiba também quem é que o está representando em cada mercado e se o está fazendo bem, sem a preocupação de imiscuir-se na operação do seu cliente.

Neste capítulo, o infortúnio narrado nos traz a história de uma profissional que exportou para um determinado mercado sem, no entanto, ter ciência sobre seu destino final verdadeiro; sem admitir a possibilidade de o seu produto ser reexportado para mercados limítrofes. O resultado, observando as devidas proporções, foi catastrófico. Perdeu-se o importador, o acesso a esse novo mercado e todo o tempo e recursos investidos na empreitada.

Veja bem o tamanho do risco e possíveis agravantes que corremos em casos assim:

- Na situação fictícia apresentada, os produtos adentraram o país por vias desconhecidas. Nesse caminho o exportador não tem como saber se sua qualidade e integridade foram preservadas. Podemos, portanto, relacionar aqui questões que vão desde uma embalagem rasgada (que interfere na imagem do produto) à possibilidade de defeitos ou problemas graves — inclusive problemas relacionados à saúde pública, como pode ser o caso para alimentos e bebidas, ou farmacêuticos, principalmente. Qualquer perturbação nesse sentido pode prejudicar a marca perante a clientela e até criar um grande caso a ser resolvido com as autoridades. De qualquer forma a marca sai perdendo.
- Caso os produtos tenham entrado no país sem registro nas autoridades, sem que sua origem seja permitida no destino ou sem que sua fábrica de origem seja aprovada (quando necessário), corremos o risco de ter uma questão muito mais séria que pode, inclusive, acarretar perda de habilitação ou problemas para habilitação nesse mercado mais à frente.
- Mesmo se essas questões tiverem sido observadas por quem quer que tenha operacionalizado essa triangulação, à revelia do produtor/exportador, precisamos torcer ainda para que o distribuidor, o varejista e qualquer outra parte envolvida trabalhem de acordo com a política e a estratégia comercial da empresa detentora da marca.

- Contar com a sorte nunca é o ideal. E, nesse caso, é fundamental preparar-se bem, e fazer seu trabalho da melhor forma possível para diminuir a preponderância do fator "sorte" na equação.

Em todo o caso, ter uma quantidade maior de produtos seus em dado mercado sem dispor de informação precisa sobre esses volumes pode dificultar sobremaneira a gestão das exportações, volumes e preços para esse destino e culminar em questões "diplomáticas" com os parceiros legítimos. Muitos dos desdobramentos se retroalimentam daí, podendo gerar um efeito "bola de neve". Acredite! Essa "bomba", hora ou outra, volta e cai no seu colo, exportador.

Você não quer que o seu trabalho duro de meses, ou anos, seja atrapalhado por algum cliente mal-intencionado, ou simplesmente negligente. Por isso, sugiro todo o zelo no desenvolvimento dos negócios, principalmente com clientes e mercados novos.

Poucos podem se dar ao luxo de escolher seus clientes, é verdade. Geralmente são os clientes que nos escolhem. Está tudo bem. Faz parte. Afinal, "vender é preciso". Mas isso não quer dizer que você precisa fazer as coisas no atropelo sempre, "pequeno gafanhoto". Se possível, gaste um tempinho a mais conversando e entendendo quem são a pessoa e a empresa que estão do outro lado, levando seu produto. Esse é o tipo de exercício que sempre será positivo.

8.

o mal necessário

Exportador (empoderado): USD 2000 FOB, tem interesse?

Importador 1: Sim, mas a USD 1700 FOB.

Exportador (empoderado): *No way*.

Em seguida...

Exportador (empoderado): USD 2000 FOB, tem interesse?

Importador 2: *No, thanks*.

....

Exportador (um pouco menos empoderado): USD 2000 FOB, tem interesse?

Importador 3: *No, thanks*.

....

Exportador (se achando um pouco empoderado ainda): USD 1900 FOB, tem interesse?

Importador 4: *No, thanks.*

....

Exportador (já duvidando do seu empoderamento): Tem interesse? A que preço?

Importador 5: *No, thanks.*

....

Exportador (já duvidando do seu empoderamento): Alguma chance de me dar um *bid*, pelo menos?

Importador 6: *No, sorry.*

....

Exportador (ciente de não estar mais empoderado): Alguma chance de me dar um *bid*, pelo menos?

Importador 7: *Not a chance at the moment.*

....

Exportador (cabisbaixo, cansado, deprimido, se sentindo quase ofendido e, agora, finalmente ciente de não estar empoderado e de nunca ter estado): Vamos fechar em USD 1700 FOB, então?

Importador 1: *Sorry,* acabei de comprar de outro a USD 1600 FOB. Posso comprar de você agora a USD 1500 FOB

Exportador (*in memoriam*): Me manda a P.O.

GREGOS E TROIANOS

Peço licença ao leitor para continuar tratando do tema com muita franqueza. Apesar de ter sido posta de forma bem caricata, essa cena acontece diariamente na vida do exportador.

Quando fazemos uma oferta e recebemos em seguida uma contraproposta a nosso ver muito abaixo do preço de mercado, tendemos a marginalizar aquele comprador. Entendemos que tudo o que ele quer é tirar vantagem de nós. Não o recrimino; muitas vezes é bem isso que eles querem mesmo. Porém, não nos esqueçamos de que o comprador está fazendo o trabalho dele. O seu trabalho é vender; o dele, comprar. Ambos tentam fazê-lo da melhor forma possível.

Quando recebemos uma contraproposta baixa, não podemos simplesmente ignorá-la, como fazemos por vezes. Isso quando não vamos além e levamos para o lado pessoal. Daí a maldizermos a conduta do comprador é um passo. Muitos passam a nem sequer ofertar mais para esse. Há ainda aqueles que acabam fechando negócio no preço supostamente mais baixo, mas resolvem que nunca mais venderão para ele. Será mesmo? Eu não estaria tão seguro disso. Este mundo é pequeno demais.

Agora lhe pergunto, você que já passou por isso: quantas vezes o cliente tinha razão e o mercado realmente se ajustou para aquele preço? É preciso fazer essa análise. Cada compra, cada *bid*, cada *price idea*, cada conversa, cada gesto dos seus clientes lhe dizem muito. Busque usar disso para entender o perfil deles.

Você nem sempre vai acertar na sua leitura, mas aos poucos vai começar a enxergar quais são aqueles que jogam o preço para baixo apenas por costume, mesmo sem ter parâmetros legítimos dos níveis de mercado no momento, quais são aqueles que o fazem para tentar tirar vantagem extra e quais são aqueles que estão fazendo uma leitura correta do mercado. De repente você se depara com um comprador que tem lhe trazido a tendência correta do mercado antecipadamente e nem se dá conta.

Obviamente que, ao fazer uma venda para um destino "x" abaixo dos preços praticados até então, as chances são grandes de que o preço de mercado se ajuste para baixo e esse passe a ser o novo preço praticado pelos demais. Existem casos e casos, e entre eles existem também as exceções, mas geralmente é essa a dinâmica que se observa.

Mas cuidado! Não estou dizendo que você deve ser o primeiro a vender mais barato e deixar os seus concorrentes se matarem para tentar vender o que quer que consigam no mesmo preço ou abaixo. Se o fizerem, não pense que será problema deles; será um problema de todos. Você terá vendido, sim, no preço (novo) de mercado, ou até acima, caso os demais não consigam o mesmo feito. Isso pode gerar uma guerra de preços se o setor não for bem estruturado. Aí sairão perdendo vendedores e compradores.

É imprescindível entender que estar "vendido" em um mercado em queda também pode ser muito inconveniente. Que o "anjo guardião" dos exportadores que sofrem com a renegociação de contratos o guarde bem.

Seja qual for a situação, propostas, contrapropostas, decentes ou julgadas "indecentes" (nos negócios), ideia de preço, negociação ou renegociação, nunca leve para o lado pessoal aquilo de que discordar. Use sua última gota de inteligência emocional se precisar, mas entenda que clientes bons são... simplesmente bons até que se mostrem diferente disso. Já os clientes maus... podem ser um mal necessário. Principalmente nas horas difíceis, muitas vezes são esses que lhe trazem alguma solução, ainda que de forma dolorosa, quando ninguém mais sobrou para ajudar. E quando se está no buraco não interessa de onde vem a ajuda.

9.

a arte da negociação

Importador: Quanto?
Exportador: USD 1000 FOB.
Importador: Confirmado! Manda a proforma
Exportador: OK.
Trimmm (toca o despertador, hora de acordar)

....

Importador: Quanto?
Broker: Uns USD 1000 FOB.
Importador: Confirmado! Manda a proforma.
Broker: Oi?
Importador: Confirmado! Pode mandar a proforma.
Broker: Bem, neste caso eu preciso reconfirmar a... a disponibilidade. Talvez eu não consiga embarcar neste mês ainda.

Importador: Sem problema. Pode ser mês que vem.

Broker: Acho que talvez eu não consiga embarcar nem mês que vem.

Importador: Sem problema. Daqui a dois meses, pode ser.

Broker: Mas... precisamos discutir ainda... ah! O pagamento. Isso, o pagamento. Para fechar este pedido eu vou precisar de pagamento adiantado.

Importador: OK.

Broker: Vinte por cento.

Importador: OK.

Broker: Digo, cinquenta por cento.

Importador: Sem problema. Aguardo a proforma.

(Importador desliga e deixa o *broker* pensando na desculpa que vai dar para cancelar esse negócio, que com certeza não vai conseguir confirmar.)

....

Exportador: Você tem comprado ultimamente?

Importador: Infelizmente não. Na verdade estou bem comprado; estoques altos e vendas em baixa no momento.

Exportador: Mas tem ideia de preço pelo menos? O que o mercado está pagando?

Importador: Acho que uns USD 1000, para embarque ainda neste mês.

Exportador: É *firm bid*?

Importador: Não, é só *price idea* mesmo.

Exportador: Se melhorar uns USD 50, fecho com você. Não fiz esse preço para ninguém ainda, viu? E são meus últimos três contêineres.

Importador: Agradeço, mas, como disse, estou comprado.

Exportador: E se eu colocar o embarque para daqui a um mês?

Importador: Desculpa, não consigo. Preciso esperar pelo menos dois meses para retomar as compras.

Exportador: Bid firme, então? USD 950 para embarque daqui a dois meses?

Importador: Não.

Exportador: Olha, *dear*, eu não tenho urgência para vender. Na verdade, o mercado está bem demandado. Posso vender esses contêineres num piscar de olhos para outro comprador. Só estou dando prioridade para vender para você primeiro por causa da nossa parceria, que já vem de longa data. Mas se você não tem interesse no momento, não vou insistir mais...

... mas que fique claro que o meu melhor preço para você seria USD 900, nada abaixo disso.

Importador: Eu entendo, e fico realmente grato pela preferência. Mas a questão agora não é nem tanto o preço. Eu não poderia assumir esse compromisso nem se tivesse me ofertado a USD 800.

Exportador: USD 800? É *firm bid*?

....

Importador: Quanto?

Exportador: USD 1000 FOB.

Importador: O que é isso? Quero comprar um contêiner, não a fábrica toda. Impossível trabalhar nesse preço. Vou ter que passar desta vez.

Exportador: OK, obrigado.

Importador: Consegue melhorar algo?

Exportador: Infelizmente não, *sorry*.

Importador: Vou ter que fechar com outro. Tenho ofertas a preço muito mais baixo que esse.

Exportador: Não se preocupe, eu entendo.

Importador: Qual o seu melhor preço?

Exportador: USD 1000 é realmente o melhor que posso fazer.

Importador: Tenho outra oferta a USD 700 CFR.

Exportador: Preço ótimo. Se tem oferta nesse nível de preço, tem que fechar mesmo, e fechar rápido. Não se preocupe, eu entendo. Tentamos novamente dentro de algumas semanas.

Importador: Você não consegue fazer nada melhor? USD 1000 FOB está muito alto. Ninguém vai te pagar esse preço.

Exportador: Mercado interno está pagando isso. Estou sem pressão de vendas. Tenho muitos contratos em carteira e estou confortável com a nossa programação. Se precisar vender algo, podemos sempre direcionar para o mercado interno.

Importador: Consegue me dar pelo menos USD 100 de desconto?

Exportador: Não consigo.

Importador: USD 50 pelo menos? Como falei, tenho oferta muito mais baixa. Mas quero fechar com você.

Exportador: Infelizmente não. *Sorry*.

Importador: Qual o seu melhor preço, então?

Exportador: USD 1000 FOB.

Importador: Mesmo?

Exportador: Sim.

Importador: OK, confirmado. Me manda a proforma.

....

Exportador 1: E aí, meu querido?

Exportador 2: Tudo na paz, graças a Deus. Feira agitada, não é mesmo?

Exportador 1: Demais. Para um primeiro dia, eu diria que está excelente. Segundo e terceiro dias com certeza serão ainda melhores.

Exportador 2: Mas e aí? Dia quase acabando... Vendeu alguma coisa?

Exportador 1: Que nada! Ainda mais no preço que estou vendo todo mundo tentando manter, USD 1000.

Exportador 2: Sim, eu também. Mas vamos lá. Não vamos deixar esse mercado cair não. Ainda bem que não tem ninguém com pressão de venda. Então, "ninguém solta a mão de ninguém". Olha... vou atender essa ligação aqui, depois falamos.

Comprador 1 (ao telefone com o Exportador 2): USD 900. Confirmado! Manda a proforma!

Exportador 2: Estou mandando agora mesmo.

No mesmo instante:

Comprador 2 (por e-mail para o Exportador 1): USD 850. Confirmado! Manda a proforma!

Exportador 1: Sim, agora mesmo...

. . . .

Trader: "Campeão", pode me ofertar 1 FCL?

Exportador: Claro! USD 2000 FOB.

Trader: Quanto? Acho que você digitou algo errado ou o seu WhatsApp foi hackeado (risos).

Exportador: Não, não, o preço é esse mesmo.

Trader: Meu amigo, desculpa, mas tenho que te dizer que você está totalmente fora do mercado. Esse preço é irreal.

Exportador: Pois eu estou vendendo nesse preço.

Trader: Olha, meus parabéns. Se fechou qualquer coisa realmente nesse preço, cuidado para seu cliente não cancelar depois, hein?

Exportador: Me traz *bid* firme.

Trader: Contra essa oferta? Nesse nível? Sem chance!

Exportador: Pode me fazer uma proposta.

Trader: Olha, sinceramente prefiro passar dessa vez.

Exportador: Por quê?

Trader: Por quê? Porque a meu ver o mercado está muito abaixo do que você está ofertando e para fazer uma contraproposta eu precisaria ir muito abaixo. Não seria de bom-tom. Não quero que se ofenda. Estou fazendo um favor para mim e para você.

Exportador: Imagina, pode dizer. Manda!

Trader: Olha, não te faço uma contraproposta porque, diante dos níveis reais de preço, o máximo que poderíamos pagar seria algo em torno de USD 1300 CFR.

Exportador: Ficou maluco?

Trader: Desculpa, mas é a realidade.

(silêncio)

(e mais silêncio)

No dia seguinte...

Exportador: Chefia! *Firm bid* a USD 1300 CFR, então?

NOVELA DA VIDA REAL

É muito comum relacionar o termo "negociação" com os negócios apenas. Contudo, estamos negociando o tempo todo. Negociamos no fechamento de contratos, sim, quando compramos ou vendemos algo, mas também quando solicitamos férias no trabalho, quando discutimos deveres e limites com nossos filhos ou quando pedimos um favor a alguém. Negociar é uma habilidade que utilizamos a todo momento e em diversos contextos da vida, seja no ambiente profissional, nas relações pessoais ou em outras situações cotidianas quaisquer.

Negociar não se resume a chegar a um acordo. Negociar tem a ver com construir relacionamentos, estabelecer conexões, buscar compreender expectativas e interesses e, por fim, encontrar em meio a tudo isso um ponto de solução que possa beneficiar as partes envolvidas, apesar dos interesses divergentes.

Infelizmente, muitas das negociações, se não a maioria, não são tão fáceis como gostaríamos que fossem, assim como aquela no primeiro diálogo deste capítulo. Naturalmente que, enquanto temos nossas necessidades, expectativas e estratégias próprias para atender, aquele com quem estamos negociando tem as dele. Além disso, hora ou outra nos damos conta da triste realidade: "o que eu preciso vender, muitas vezes, não é o que os meus clientes precisam comprar" — aliás, é exatamente por isso que ele não quer comprar. Porque todos querem vender. E "o que ele quer comprar mesmo é o que eu não tenho, no momento, para vender"; talvez ninguém tenha. Essa é exatamente a razão por que ele quer comprar. Novamente, o desafio aqui é achar um cantinho, no meio de tudo isso, onde todos possam "ser felizes" — um pouco que seja.

É preciso entender que existem dois lados em uma negociação, e se colocar também no lugar do outro.

É possível ser profissional sem ser ríspido ou impessoal, e ser legal, uma pessoa boa, sem deixar de ser profissional e firme. Faça aos outros o que gostaria que fizessem a si mesmo. Tenho certeza de que você já ouviu isso de alguém que quer o seu bem.

Fale a verdade. Se dá para fazer, OK. Se não dá, não dá. Nós brasileiros temos uma imensa dificuldade em dizer não. Veja o segundo diálogo. Nada contra a figura do *broker* (meus amigos *brokers* o sabem bem), e o fato de ter mencionado o estereótipo aqui foi simplesmente por entender que o tempo de reação do *broker* acaba ficando muitas vezes defasado por ter que buscar informação atualizada sempre com pelo menos uma das pontas. A história criada nesse diálogo mostra um comportamento comum a muitos de nós — a falta de jeito para dizer não, a esperança de conseguir o que se sabe que muito provavelmente não tem jeito, e a certeza de conseguir contornar qualquer situação embaraçosa no final das contas; afinal, os brasileiros sempre dão um "jeitinho".

Há situações em que esse tipo de discurso indireto pode funcionar, sim. Há, porém, culturas em que essa sinuosidade é malvista. Os europeus, por exemplo, primam por serem claros e diretos. Acredito que os resultados da falta de clareza e objetividade, na média, tendem a ser negativos. Sejamos diretos, portanto! Aprendamos a dizer "não" quando preciso, em vez de esperar o momento em que seja inevitável.

Da mesma forma o contrário. Saibamos ouvir não. Olha lá. Não estou dizendo que você não deve insistir em uma negociação. Tudo vai depender da situação, da sua necessidade e urgência. Se você estiver com "a corda no pescoço" e esse comprador for realmente a sua única saída para resolver um problemão, ou algo do tipo... sim. Do contrário, se você ofertou e já recebeu a negativa, insistiu, levou um "não" de novo, continuar insistindo sem checar outras opções pode fazer a discussão tomar um rumo indesejável. A insistência pode derrubar o teu preço no mercado, a partir da percepção, por parte dos clientes, de que você está, provavelmente, desesperado para vender.

Também não estou dizendo para "pular de galho em galho sem parar". Se você tem um contêiner apenas para vender e sair "atirando para todos os lados", ofertando-o mesmo para dez compradores, o mercado vai entender que seu volume é dez contêineres, e isso também vai puxar seu preço para baixo — como já discutido.

Então, o melhor que temos a fazer é dosar bem nossas ações, nossas ofertas. Busque entender quem são os compradores que merecem ser sua primeira opção, tenha um plano "B" em cada mercado e busque estabelecer seu passo, sua cadência.

Por fim, seja honesto com você mesmo e com os outros. Veja o último diálogo deste capítulo. Ofertar algo a alguém a qualquer preço, jogando alto para "pescar *bid*", não vai te ajudar. No mundo globalizado em que vivemos, todo mundo se conhece, todos os *players* se falam e todo mundo sabe o que é preço de mercado no seu ramo. Agir como o nosso exportador do último e lamentável episódio só serve para mostrar ao comprador: insegurança, falta de conhecimento do mercado e que você não está "nem aí" para ele, seja nessa negociação ou no futuro. Se você quer ter uma postura correta e desenvolver um trabalho comercial sustentável a médio e longo prazos, não seja essa pessoa.

10.

nunca mais

Poucas pessoas podem se gabar de ter um cotidiano tão dinâmico como o profissional de comércio exterior. Veja só a que me refiro:

Segunda-feira

— Tudo bem! Você quer me extorquir e tirar vantagem da situação! Não me venha com essa história de atraso de embarque. Nós atrasamos somente uma semana, e te informamos. Agora, com o contêiner chegando esta semana no destino, você vem pedir desconto? Isso porque o mercado caiu, não é mesmo? E se tivesse subido? Você ia aceitar eu vir aumentar o preço do nosso contrato já em carteira? Ouça bem! Eu vou te mandar a *invoice* revisada, com o desconto que está pedindo, mas saiba que esta é a última vez que vendemos para você!

Terça-feira

— Cara de pau! Como você tem coragem de me ligar hoje para pedir oferta? Eu não te disse ontem mesmo que nossa empresa não venderia mais para você? Boa sorte ao comprar de outro!

Quarta-feira

— OK, chefe. Entendo que tenha vendido para ele, mas é que eu tinha dito que não venderíamos mais e... OK, eu entendo... Sem problema, vou emitir o contrato e colocar na programação de produção.

PROMESSA É DÍVIDA

Quem nunca...?

O cliente espertalhão lhe causa o maior problema, dá prejuízo, mente e ainda por cima quer ter razão. A vontade que dá é de esgoelar o cidadão. Mas agressão física é sempre difícil explicar (porque obviamente violência física nunca tem explicação); subir o sangue e partir para a ofensa pode aliviar, mas também não resolve. Então nos seguramos como podemos, apelando, às vezes, para a ameaça.

"Vou cancelar o contrato."

"Vou reportar para a seguradora."

"Não vou mais vender para você."

Ah! Conta tudo para sua mãe, "Quico"!

Meu caro "Padawan", por favor, sejamos realistas. Quisera fosse tão simples assim. Você vai mesmo cancelar o contrato? Vai fazer o que com a sua programação de produção, embarque etc.? Vai reportar para a seguradora? Para quê? Isso vai resolver o seu problema? Não mais vender para o Judas? Vai vender para quem, então? Já imaginou se realmente não fosse mais vender para cada comprador que te deu alguma dor de cabeça? Não ia vender para mais ninguém.

Não prometa o que não pode cumprir, principalmente se você tiver um chefe. A grande maioria de nós tem, ainda que estejamos habituados a chamá-lo(a) de outro nome, como gerente, diretor, presidente, sócio, banco, cliente, mãe, pai, filho, filha ou esposa. Nós sabemos quem é que dá as cartas.

11.

FOB

— Três semanas. Há três semanas que estou te cobrando esse *booking*. O que está acontecendo? Pelo amor de Deus. Estou com a corda no pescoço aqui, estoque nas alturas e os diretores na minha "cola". Precisamos resolver isso — diz o nosso protagonista, tentando, sem muito sucesso, se mostrar firme.

— Acredite, estou fazendo meu melhor — responde o cliente do outro lado.

— Você me prometeu enviar a reserva na mesma semana em que fechamos negócio. Como conseguimos trabalhar assim? — rebate o vendedor refém.

Daí o importador, quase convincentemente, responde:

— A culpa não é minha. Você sabe que estou fazendo de tudo para conseguir essa reserva, mas a companhia marítima não tem equipamento.

— Pois o meu pessoal da logística disse que consegue retirar contêineres, sem problema. Vamos mudar esse contrato para CFR.

— Não posso, tenho frete acordado já com a companhia marítima; e quantidade para cumprir.

— Pois então vou alocar equipamento já retirado de outro *booking* e, quando você nos passar o seu, ajustamos — insiste o exportador, que é brasileiro e não desiste nunca.

— De forma alguma. Vai me criar um problema com a agência — esquiva-se novamente o cliente.

Eis que então nosso "Sherlock" pergunta, já sem paciência:

— Tem certeza de que não está me enrolando para atrasar esse embarque só porque o preço caiu?

— Claro que não. Imagina... — E completa o comprador: — Mas, já que você mencionou, estamos perdendo muito dinheiro com o contrato atual. Você bem que poderia nos ajudar fechando um novo contrato ao preço atual (mais baixo) para balancearmos com uma média com melhor resultado, não é mesmo?

Daí, o final todos já conhecemos:

— FOB, novamente?

— Sim.

— Como? Se você não manda o *booking*.

— Eu mando.

— Promete?

— Sim, claro.

— OK, então. Vou fechar... para te ajudar.

— Obrigado. Vamos embarcar esse contrato novo primeiro, OK?

RESPONSABILIDADE DE QUEM MESMO? (#SOMOSTODOSREFÉNS)

Parabéns! Você fechou mais um contrato. Esse ainda por cima FOB. Não vai precisar se preocupar com reserva, negociar frete etc. O comprador que se encarregue disso.

Eu preciso ser muito sincero neste ponto. A menos que eu não tenha boas tarifas de frete negociadas e/ou não tenha equipe, estrutura ou experiência suficiente para fazê-lo, sempre preferi vender custo e frete. No fundo do meu coração, todas as vezes que vendi FOB fiquei preocupado de estar preparando uma cilada para mim mesmo. A cena a que assistimos há pouco é um ótimo exemplo disso.

Não estou dizendo que você deva fazer o mesmo, porém tome os cuidados necessários em cada caso. Se optar por vender FOB, trabalhe com maior antecedência nos seus cronogramas — especialmente no que tange à cobrança ao importador para informar o número da reserva em tempo. Não espere terminar sua produção se não deseja ficar com estoque parado no seu cativeiro, digo, na sua armazenagem.

12.

CFR

Beltrano chega no escritório, atrasado como de costume, e com aquela cara de pau de sempre. Carregando a mochila e um café da cafeteria da esquina, mal dá bom-dia aos colegas. Senta-se, arruma as suas coisas sobre a mesa e, como também de costume, começa a checar seus e-mails.

"Embarque Nr. 171 — Urgente" era o título do e-mail que lhe chamou a atenção em meio aos demais que ainda estavam baixando.

Abriu o e-mail e leu a mensagem aos goles do café, que estava doce demais, não muito ao seu gosto. A atendente da padaria havia colocado açúcar, se esquecendo das preferências do ilustre cliente que habitualmente marcava presença e ajudava na receita das segundas e quartas. Talvez estivesse pressentindo que Beltrano precisaria "adoçar a vida" naquele dia.

A mensagem, respondida em cima do aviso de embarque enviado no dia anterior, dizia:

> Por que você embarcou meus contêineres com a companhia marítima 'X'? Me desculpe, mas isso é inaceitável. Favor cancelar o embarque.

Não fosse a quase certeza de tratar-se de uma negociação CFR (custo e frete), teria ficado muito irritado logo de cara. Mas, contrariando a sua fama, devidamente atribuída, de "impulsivo", abriu seu sistema e sua planilha de controle para checar o caso.

Tratava-se de um embarque de 4 FCLs, confirmados na modalidade CFR, ou seja, a responsabilidade do frete e do embarque era do exportador. Além disso, nunca havia discutido nenhum tipo de restrição quanto ao serviço que utilizaria para o embarque. Encheu-se então de razão e começou a responder à mensagem, gastando todo o seu inglês para explicar que a opção da companhia marítima era de responsabilidade e direito da sua empresa.

Enviou a resposta e, em questão de minutos, recebeu outra mensagem na qual o comprador se mostrava irredutível. Decidiu ligar, então.

O comprador atendeu ao primeiro toque. Aparentemente já estava esperando a ligação.

Beltrano, pulando qualquer introdução e sem se esforçar minimamente para fingir educação, já foi logo dizendo:

— Olha, senhor John Doe, não sei o que está acontecendo, creio que haja um mal-entendido aqui. Esse nosso contrato foi fechado CFR. A opção do serviço de embarque é minha.

O comprador, notando o tom de intimidação, também não fez questão de muita cortesia, e respondeu rispidamente:

— Não aceito embarque com esse armador.

— Como é? — responde Beltrano, mais por não acreditar no que está ouvindo do que por genuíno interesse em saber as razões do embate.

— Isso mesmo. Não sou obrigado a aceitar meus produtos serem embarcados com um trânsito longo assim, quando todos os outros navios chegam na metade do tempo.

— E custando o dobro do preço! — rebate o nosso guerreiro

— O custo é seu! — responde o comprador.

— E o frete também — grita o exportador, surtado, e complementa tentando em seguida reduzir o tom para evitar uma discussão ainda maior, que não seria de benefício nem agrado de ninguém:

— Olha, os contêineres já estão na água. Não tenho como mudar isso. E a verdade é que você nunca me apresentou qualquer ressalva nesse sentido. Por isso seguimos com o embarque normalmente, com o armador com quem temos o melhor acordo. Da próxima vez, por favor seja claro quanto a esse tipo de requerimento e vamos discutir a melhor forma ao negociar contratos futuros.

— Já está informado agora, então — retruca, sem abaixar a guarda, o sr. John Doe.

— Obrigado. Podemos então resolver essa questão amigavelmente, como parceiros? — propõe o nosso antes bravo, e agora manso e esperançoso, vendedor.

Após uma breve pausa na comunicação, aquela fração de segundo de silêncio que parece mais uma hora, a resposta vem esquiva e com outro argumento:

— Também nunca autorizei embarcar todos os quatro contêineres juntos no mesmo navio...

DIREITO DE QUEM MESMO?

Em se tratando daqueles que preferem vender CFR, a justificativa geralmente recai sobre o nível de controle possível sobre a operação. De fato, essa é uma alegação correta. Vender CFR lhe permite liberdade para proceder com o carregamento e embarque quando melhor lhe convier. Há, porém, que atentar para o fato de que alinhamentos entre as partes são sempre necessários. Tenha certeza de acordar (e cumprir) as especificações dos embarques. Temas como prazo de embarque, consolidação de carga, quantidade de contêineres por BL e, se possível, até a companhia marítima/aérea, se discutidos com antecedência, podem evitar transtornos mais tarde. Quando não puder, ou não quiser, fixar algum desses parâmetros, um "à escolha do exportador", "sujeito à disponibilidade" ou "sujeito a alteração" mencionado no contrato (que idealmente deve sempre ser assinado por ambas as partes) pode resolver impasses posteriormente.

Tenha em mente que o ciclo de exportação é mais longo que o tramitado no mercado interno. Isso se deve, em muito, ao tempo de trânsito para chegar ao destino, sem dúvida. Consideremos, portanto, um *lead time* médio para entregas, por via marítima, de cerca de três meses. Durante esse período ambas as partes ficam expostas às variações de mercado. Sem dúvida esse é um ponto de maior preocupação para produtos que têm maior flutuação de preços; as *commodities*, por exemplo. Porém, o tema dos embarques deve ser sempre observado com atenção, seja pela validade dos produtos, pela sua capacidade de obsolescência ou pela flutuação dos preços. Trago verdades: busque não errar para que seu cliente não tenha a justificativa de que precisa para solicitar descontos ou renegociações. Infelizmente muitos esperam um deslize, por menor que seja, para se beneficiar à custa de quem está do outro lado do negócio; não percebem que, ao se colocarem num mesmo lado, a possibilidade de ganha-ganha talvez fosse mais razoável, principalmente no longo prazo.

É essencial versar-se nos Incoterms — termos internacionais de comércio. Cada código/sigla nesse âmbito traz consigo toda a síntese dos direitos e das responsabilidades de cada parte no que tange às etapas envolvidas em contratos internacionais de compra e venda, durante todo o seu fluxo. Entenda quais são as suas responsabilidades, faça o seu melhor, e não dê chances para que a outra parte fuja das dela.

13.

licitação

Manhã de terça-feira. Todos trabalhando em silêncio no escritório; naquele silêncio das terças... porque a segunda-feira passa na agitação da retomada do trabalho, na busca de agilizar o que está atrasado e tudo o mais, mas a terça-feira é cruel. É quando nos damos conta de que a semana realmente começou. Então, nesse clima quase que "depressivo", alguém resolve se levantar e trazer um pouco de animação para o nosso dia.

— Chefe! Recebi um pedido de exportação de duas mil toneladas para o país "X". Parece coisa séria, viu? Licitação com o timbre do governo e tudo. Recebi o mesmo pedido de dois *traders*. Seria uma ótima oportunidade para emplacarmos um contrato grande e talvez regularidade. Já pensou? Temos disponibilidade e interesse em trabalhar nesse pedido? Podemos ofertar?

— Não sei não, hein! Será que é sério esse pedido? Deixe-me ver — responde o gerente, recebendo o impresso das mãos do seu vendedor. Após um ou dois minutos olhando para o papel e coçando a cabeça, decide:

— Me parece interessante... pagamento mediante carta de crédito. Não tem problema. Busque mais informações se for preciso, mas podemos ofertar, sim.

— Ótimo. Deixa comigo.

No dia seguinte...

— Chefe! Sobre aquela oferta, acho que "vai dar jogo".

— Você falou com o cliente?

— Sim, digo, não... Bem, na verdade falei com o seu representante, mas ele disse que é o agente oficial e exclusivo do governo. Todas as compras públicas do país são feitas através dele. Que sorte demos em conseguir esse contato, hein?

— Hum, interessante. E você já chegou a enviar uma oferta? O que ele disse? O preço funciona?

— Funciona sim, chefe. E olha que eu joguei o preço lá em cima para negociar. Mas o comprador aceitou de primeira, sem nem pedir desconto. A margem desse contrato vai ser ótima para os nossos resultados.

— Hum, que bom. O pagamento vai ser contra carta de crédito mesmo, como ele havia mencionado, correto?

— Sim.

— Precisamos receber um *draft* da LC antes de prosseguir mesmo com a produção.

— Sim, já alinhei isso com ele também.

— Ficha técnica, etiquetas, validade... você já passou tudo para ele?

— Sim, tudo validado e aceito.

— Cronograma de embarque?

— Tudo certo. Ele entende a nossa capacidade mensal de entrega e aceitou o escalonamento que propusemos.

— Hum, então o negócio está fechado?

— Ainda não, chefe. Precisamos primeiro fazer um pagamento...

O superior o interrompe:

— Eu sabia! Sabia que tinha algo errado aí. Você sabe que não podemos pagar comissão.

Ao que, muito tranquilo e confiante, responde o funcionário, que, a propósito, e talvez por ironia do destino, chama-se Inocêncio.

— Não, chefe. Não se trata de comissão nesse caso. Eu tive uma longa "conversa" por e-mail com o agente, e ele estava me explicando que, como é a primeira vez que vendemos para o governo lá, precisamos nos registrar como *supplier*. Quer dizer que precisamos enviar alguns documentos da nossa empresa, entendo que talvez certificados, informações sobre habilitações da fábrica, e pagar uma taxa de registro.

— Quanto é essa tal taxa?

— USD 1650, que é um valor irrisório se compararmos com o valor da venda em si.

— Você tem certeza de que esse é o único custo que teremos?

— Fiz questão de me assegurar disso. Tenho tudo por escrito, no e-mail.

— Se é assim, podemos seguir, então.

No dia seguinte o contrato foi fechado e o pagamento da taxa devidamente transferido pelo financeiro. Esse foi o último dia em que se teve retorno do tal agente.

Hoje, mais de um ano depois, as esperanças e as chances de reaver o valor pago se foram junto com o negócio, que nunca se concretizou... e na memória, todos buscam conforto até hoje na ideia de que "poderia ter sido muito pior".

FREE LUNCH

Não quero soar exagerado, paranoico, tampouco pessimista trazendo o tema para discussão novamente. Há, porém, muitos golpes aplicados hoje em dia, infelizmente, como já dissemos. Todo cuidado é pouco. Há um ditado que diz: "Se é muito bom para ser verdade, é muito bom para ser verdade". E isso é verdade.

Quanto à situação proposta nesse episódio, sejamos realistas: esse tipo de oportunidade não acontece no mundo real. Bom, pelo menos não dessa forma. É preciso que a boa vontade, a necessidade e a ânsia de vender e exportar não se sobreponham à razão. E aqui me permito desdobrar um pouco mais a discussão dessa cena, em detalhes, porque esse tipo de golpe tem sido muito recorrente nos últimos anos em vários países. Eu mesmo já o vi várias vezes. Por sorte, na maioria deles os exportadores não se deixaram cair. E, se eu puder alertar e prevenir um exportador que seja, escrever este livro já terá, por si só, valido a pena.

Pois analisemos o caso.

Temos uma compra governamental, para a qual o contato foi estabelecido pela parte compradora, através de um suposto agente intermediário, alegadamente exclusivo, que aceitou todos os termos propostos pelo fornecedor sem nenhuma objeção e sem fazer nenhuma observação ou solicitação específica, inclusive aceitando pagar acima do preço de mercado; por fim, cobrando uma taxa apenas, para registro do novo fornecedor.

Tudo para dar errado! Eu diria que faltou colocar na história apenas fadas e unicórnios.

Em se tratando de compras governamentais, espera-se que os processos de licitação sejam, em sua maioria, minimamente transparentes e abertos a todos os que cumprem os requisitos. Muitos países já têm sistemas e websites dedicados ao registro de fornecedores e ofertas. Enquanto podemos ter situações em que *traders* buscam ofertas para se registrar em determinadas licitações — constituindo um negócio legítimo —, você, leitor/exportador, há de convir comigo que um terceiro alegar exclusividade para, em nome de um dado governo, registrar fornecedores e cobrar o respectivo pagamento deve chamar a atenção como, no mínimo, estranho. O mais comum é o fornecedor se interessar em vender para determinado governo e buscar informações e os meios de fazê-lo. Me diga, sinceramente, quantas vezes na vida alguém já bateu na sua porta dizendo ser de determinado governo, querendo comprar de você. Se aconteceu, quantas dessas vezes se tratava de uma oportunidade legítima? E, dessas, quantas você conseguiu aproveitar? De qualquer forma, se um dia acontecer com você, e se for para valer, busque maiores informações em outras fontes. Você, muito provavelmente, receberá as referências necessárias para se assegurar de que trata-se de uma demanda séria, se assim for.

Você pode estar se perguntando agora: "Mas e no caso ilustrado, o exportador não achava ter a documentação necessária para comprovação da origem da tal licitação?". A resposta é "aparentemente, sim", porém o exportador, nessa nossa história, negligenciou o maior indício de fraude que poderia ter recebido: a solicitação do pagamento de determinada quantia, ainda que baixa.

Sabe por que esse tipo de fraude acontece muitas vezes? Porque o preço para "pagar para ver" é, relativamente, muito baixo. Muitos pensam "o que eu tenho a perder"? Nesse caso foi apenas USD 1650 — que, alegadamente, teria o seu pagamento justificado pelo valor do ganho obtido em contrapartida. Pois é, tudo "muito bom para ser verdade".

Poderíamos apontar outros indícios de que havia algo de errado. É muito comum, nesse tipo de situação, o golpista aceitar as condições propostas, ainda que sabidamente piores que o praticado no mercado (a exemplo do preço mais alto e da condição de pagamento ofertada, além dos cronogramas de embarque alongados etc.), sem sequer tentar negociar pela parte compradora. Nesse caso, especificamente, o intuito seria convencer o exportador sobre o bom negócio e "vendá-lo" para que não atentasse ao que há de errado e até absurdo na situação. Infelizmente muitas vezes o golpe funciona.

Porém, retomo o ponto anterior como crucial para evitar cair em um golpe assim. Preste muita atenção nisto: se você é o vendedor, não cabe a você pagar nada para o cliente! Isso mesmo. Você até pode aceitar pagar comissões, dar descontos, agrados, compensações etc., ou ainda ter que pagar *listing fee* para varejistas ou coisa do tipo. Contudo, via de regra, não aceite alegações de taxas que teoricamente sejam da responsabilidade do exportador, principalmente as que predominantemente incidam no destino. Em casos em que há, de fato, algum valor a ser pago pelo vendedor (geralmente ajustes comerciais decorrentes de negócios passados), sugere-se checar se existe a possibilidade de dedução em valores a receber, sem a necessidade de remessa por parte do exportador.

14.

analista do analista

— Hum... E como você se sente com relação a isso?

— Como eu me sinto, doutor? Ah! É algo maior que eu. Não consigo definir. Ao mesmo tempo que eu "apanho" aqui e ali, é praticamente um vício difícil de largar.

— Me fale mais sobre isso — pergunta, enquanto escreve no caderninho.

— Ah! A pressão é muito grande e temos problemas a toda hora. Problemas, problemas de verdade. Trabalhar com outros mercados não é fácil. Quando "estoura uma bomba", é pra valer. Não tem como pegar o carro na mesma hora e ir até o escritório do cliente resolver. As cifras são altas; as perdas, quando ocorrem, também. E a necessidade constante de performar... Mas tem coisas legais na função também.

— Vale a pena?

— Para a empresa? Sim, sim.

— E para você?

— Hum... Não sei.

— Já pensou em mudar?

— Algumas vezes.

— E então?

— Ah! E eu sei fazer outra coisa da vida doutor? Comex sempre foi a minha vida.

— Qual o propósito de tudo isso?

— Sobreviver. — Riu e se levantou, dizendo: — Nos vemos daqui a duas semanas, quando eu voltar da feira, doutor.

— Mande fotos.

comex

Se você chegou até aqui, provavelmente o comércio exterior já faz parte da sua vida. Talvez, assim como no meu, ele já esteja no seu sangue. Difícil explicar para quem é de "fora" o que se passa com a gente, sejam as alegrias (vão te chamar de metido) ou a essência dos problemas que parecem não ter solução. Mas tudo passa. Costumo dizer que tudo "sempre dá certo no final"; se não deu certo, não é o final ainda. Acredite, cada problema que enfrentamos nos ajuda a amadurecer e seguir adiante, mais fortes que antes. E pessoas fortes mudam o mundo.

Não nos comparemos aos outros. Nos comparemos a nós mesmos ontem. Cresçamos em cada degrau de nossa história!

Se você, que leu este livro, é experiente na área, talvez não tenha tirado grandes aprendizados daqui, mas espero que tenha pelo menos conseguido dar boas risadas, e quem sabe tenha sentido um pouco de conforto ao perceber que algumas situações se repetem com todos, sejam na forma ou na essência.

Se, ao contrário, você for iniciante na área ou no tema, espero que tire lições interessantes e que elas possam lhe salvar algumas noites de sono um dia. Mas acima de tudo faço votos de que saia "daqui" inspirado.

Seja você um amigo, conhecido, desconhecido, expert, iniciante ou apenas curioso sobre o tema, que você possa ter tido uma leitura prazerosa, tanto quanto foi para mim o exercício de escrever este livro.

Obrigado por ter me acompanhado nestas histórias. Quem sabe um dia, em algum lugar, possamos nos encontrar nas "andanças" dessa vida de comércio exterior.

Um abraço,

Antonio Braga

As situações e, principalmente, os personagens descritos neste texto são fictícios. Qualquer possível semelhança com o mundo real constitui mera coincidência.

Nenhum importador foi ferido, tampouco qualquer contêiner foi vendido pelos envolvidos, durante a confecção deste livro.

agradecimentos

A elaboração deste livro me trouxe várias alegrias. Com certeza uma das coisas mais legais foi poder dividi-lo com pessoas queridas; retomar o contato com amigos de longa data, me aproximar mais ainda dos que estão perto e lembrar daqueles com quem a convivência física já não é mais possível. Cada um dos nomes a seguir tem um espaço especial em meu coração.

Eu não poderia começar aqui sem agradecer, primeiramente, a Deus, pelo dom da vida e por tudo que me permitiu até hoje — muito mais do que eu mereço, sem dúvida. Sou eternamente grato à minha família, meu cadinho redentor abençoado, a começar pelos meus pais, pela base sólida de amor e valores que sempre me deram; à minha mãe, por me ensinar a sonhar e a mirar nas estrelas; ao meu pai, por me mostrar a importância de, ainda assim, manter os pés no chão e a cabeça no lugar. Estímulos e mais estímulos, amor e mais amor.

Agradeço à minha esposa, Carol — meu porto seguro —, pela paciência, apoio e companheirismo incansáveis; gigante coração, de raros olhos treinados a ver o bem; uma joia que Deus me deu como companheira; e à nossa filha, Marina, fonte inesgotável de inspiração, dona e razão dos meus melhores sorrisos; meu coração que bate fora do peito — presentes divinos que nunca conseguirei retribuir à altura.

À minha irmã, Bia, uma das mulheres mais fortes que conheci, deixo meu agradecimento por, através de sua força e determinação, me fazer enxergar a fragilidade e a falibilidade que habitam em nós, bem como o grande convite ao exercício da humildade que a vida nos apresenta a todo instante.

Eu não poderia deixar de fazer menção aqui também a algumas pessoas muito especiais com quem convivi durante a minha vida profissional e com quem divido minha história. Obrigado aos amigos Marcos Teixeira, pelo voto de confiança e por ter me dado a oportunidade de entrar para a sua equipe em meu primeiro emprego na área; Fabrício Okamoto, por ter me ensinado os primeiros passos do comex e por ter sobrevivido junto comigo em meio a tantas reemissões de documentos de exportação; Editer Scalon, pela disponibilidade e por tantas orientações; Paulista, por me ensinar sobre resiliência e por ter me guiado, acreditando em mim, quando eu mesmo duvidei; Paul Murphy, que Deus o tenha, e Sinead Lennon, por toda a bondade, sensibilidade e amizade — a eles serei sempre grato por me terem aberto as portas do mundo; aos amigos saudoso Ivan, e Lu, pelos braços acolhedores de todas as horas; e à Karen Jones, por me provar que é possível o equilíbrio entre o bom senso, a doçura e a sensibilidade.

Sou muito agradecido também à Ana Paula Repezza, pelas gentis palavras de estímulo e por todo o apoio, com o presente da sua voz no belo prefácio deste livro; à Tatiana Riera, por todos os estímulos, parceria e disponibilidade sempre, à Taciane e à Camila, colegas de trabalho, amigas também fora dele, por todo o apoio ao me emprestarem os ouvidos já cansados de tanto ouvir falar deste livro e sua construção; além de, obviamente, Sabrina Cenni, com quem dividi, até recentemente, o trabalho no desempenho das minhas atribuições da vida profissional — pessoa que muito admiro pela grande capacidade, energia, profissionalismo e entusiasmo. Por certo este texto não teria todos os "pingos nos Is" sem a revisão dos seus olhos atentos e "inquisidores".

Por fim, aos grandes amigos Henrique Moutinho, Murilo Corral e Flávio Silva (irmão do coração), pela amizade e por toparem ser leitores cobaias e revisores, juntamente com alguns dos demais aqui citados, deixo também o meu "muito obrigado"; assim como eu não poderia deixar de agradecer à querida amiga Patricia Farias, por colocar também a sua sensibilidade e experiência à disposição para me ajudar a organizar as ideias e dar mais brilho a este trabalho.

O que não faltam são nomes e razões para agradecer. Sei que muitos acabarão, injustamente (e inevitavelmente), não sendo mencionados aqui. Reconheço, porém, que cada pessoa com quem convivi, fosse em minha vida pessoal ou profissional, tem o seu ponto ou sua vírgula que seja de contribuição aqui, pois foram estímulos para que eu chegasse a ser o que sou hoje. Portanto, a cada um de vocês fica também a minha gratidão e meu abraço!

glossário

Armador: empresa responsável pelo transporte marítimo da carga, organizando e gerenciando o envio de mercadorias pelo mar. Não confunda com "arma dor" ou "arma a dor", muito embora estes sejam "sinônimos" em muitas ocasiões.

AWB (*Air Waybill*): conhecimento de embarque aéreo. Esse é o documento que comprova para todos os fins o envio da carga, documentos ou o que quer que seja, via transporte aéreo. Análogo ao BL, mas para o transporte de mercadorias por via aérea.

Bid: proposta apresentada em uma negociação ou licitação.

BL (*Bill of Lading*): conhecimento de embarque. Esse é o documento utilizado em transporte marítimo para confirmar o embarque da carga pelo transportador. Além disso, esse documento, emitido geralmente em três vias originais, apresenta o contrato de transporte (que fica impresso em letras microscópicas no verso, para que ninguém leia). Quando o BL é emitido, você, exportador, sem assinar nada, já se compromete com todos os termos escritos ali. A sua data de emissão é tomada oficialmente, para todo e qualquer fim, como a data de embarque. O *Bill of Lading*, carinhosamente chamado de BL, também estabelece a propriedade da carga; assim como um cheque, pode ser nominal ou ao portador. Podemos dizer, comumente, tratar-se do documento mais importante do seu *set* de documentos de exportação.

Booking: reserva de espaço para transporte de mercadorias, seja por via marítima, aérea ou terrestre.

Broker: agente intermediário, no caso, entre exportador e importador, que facilita (ou tenta facilitar) a negociação, viabilizando negócios, em troca de comissão ou outro tipo de remuneração.

CAD (*Cash Against Documents*): modalidade de pagamento contra documentos originais, na qual o comprador paga a mercadoria mediante o recebimento dos documentos originais de exportação, geralmente por intermédio de um banco.

CFR (*Cost and Freight*): custo e frete. Incoterm que indica a responsabilidade do custo do transporte, do frete e da mercadoria até o porto de destino por parte do exportador.

***Due Diligence* (Diligência)**: ato de realizar análise detalhada antes de tomar decisões importantes.

EXW (***Ex Works***): incoterm no qual o vendedor entrega a mercadoria em seu local de operação ao comprador, que, por sua vez, assume todos os custos e riscos a partir desse ponto, incluindo o transporte.

FCL (***Full Container Load***): carga que ocupa todo o espaço de um contêiner.

Firm Bid: Uma proposta firme ou formal em uma negociação.

FOB (***Free on Board***): incoterm no qual o vendedor é responsável por entregar a mercadoria a bordo do navio no porto de embarque. O comprador assume, portanto, os custos e riscos a partir do momento em que a carga ultrapassa a amurada do navio.

Hedge: estratégia financeira utilizada para proteção contra variações de câmbio ou de preço de *commodities*.

Incoterm: termos internacionais de comércio. São utilizados para definir as responsabilidades das partes envolvidas em negócios internacionais.

Invoice **(ou** ***Commercial Invoice*****)**: fatura comercial emitida juntamente com os demais documentos de exportação. Equivalente à nota fiscal, porém para fins de exportação e uso no exterior.

LC (***Letter of Credit***): carta de crédito. É um instrumento bancário que garante o recebimento do pagamento ao vendedor, desde que ele cumpra todos os termos acordados.

Listing Fee: taxa cobrada para listar um produto ou serviço em uma plataforma de venda, como um ponto de venda no varejo, por exemplo.

PCP (Planejamento e Controle da Produção): processo de planejamento e controle das atividades de produção.

P.O. (*Purchase Order*): documento enviado pelo comprador/importador para confirmar e oficializar uma compra.

Price Idea: Sugestão de preço que, porém, não constitui proposta.

Private label: Produtos produzidos por uma empresa sob a marca própria de outra empresa.

Proforma (*Proforma Invoice*): fatura proforma. Documento semelhante à *commercial invoice* que traz a estimativa de preços e condições para uma transação. Ela é emitida antes de uma venda e, embora tenha aparência semelhante à da fatura comercial, não tem valor legal para cobrança. Na prática, os exportadores a utilizam como uma proposta formal e, após a assinatura do importador, como confirmação do fechamento da venda.

Seaway bill: documento utilizado no modal marítimo. Funciona de forma semelhante ao BL, porém sem a emissão de vias originais para apresentação no destino e liberação da carga.

Supplier: fornecedor de produtos ou serviços.

Surveyor: profissional ou empresa especializada na inspeção e avaliação de mercadorias para garantir a conformidade com os padrões de qualidade, quantidade e condições estabelecidos para a exportação.

Swift: sistema global de mensagens financeiras que operacionaliza comunicações e as transações bancárias internacionais, incluindo o pagamento por exportações.

No caso apresentado, refere-se ao comprovante (mensagem *swift*) por meio do qual o banco do cliente teria efetuado um dado pagamento ao banco do exportador.

Trade-off: referente ao que se ganha e se perde (prós e contras) ao tomar diferentes decisões.

FONTE Adobe Caslon Pro, Greycliff CF
PAPEL Pólen Natural 80g/m²
IMPRESSÃO Paym

FSC
www.fsc.org
MISTO
Papel produzido a partir de fontes responsáveis
FSC® C133282